浙江文化艺术发展基金资助项目

PROJECTS SUPPORTED BY ZHEJIANG CULTURE AND ARTS DEVELOPMENT FUND

浙江文化
基因丛书

吴越◎主编

东海蓬莱

岱山文化基因

邬佩志◎编著

杭州出版社

图书在版编目（CIP）数据

东海蓬莱：岱山文化基因 / 邬佩志编著 . -- 杭州：杭州出版社，2025.1. --（浙江文化基因丛书 / 吴越主编）. -- ISBN 978-7-5565-2638-3

Ⅰ . G127.554

中国国家版本馆 CIP 数据核字第 2024157SC9 号

DONGHAI PENGLAI——DAISHAN WENHUA JIYIN
东海蓬莱——岱山文化基因

邬佩志　编著

策　　划	屈　皓
责任编辑	管章玲　胡　清
责任校对	赵鹏飞
装帧设计	卢晓明　魏君妮　屈　皓
美术编辑	王立超
责任印务	王立超
出版发行	杭州出版社（杭州市西湖文化广场 32 号 6 楼） 电话：0571-87997719　邮政编码：310014 网址：www.hzcbs.com
印　　刷	天津画中画印刷有限公司
经　　销	新华书店
开　　本	710 mm×1000 mm　1/16
印　　张	17
拉　　页	1
字　　数	249 千字
版 印 次	2025 年 1 月第 1 版　2025 年 1 月第 1 次印刷
书　　号	ISBN 978-7-5565-2638-3
定　　价	68.00 元

"浙江文化基因丛书"编委会

吴　越　叶志良　贾晓东　陈　明　孙　琳

沈　军　葛建民　缪存烈　乐　波　赵柯艳

王　俊　陆　莹　林华弟　章鹏华　盛雄生

陈贤敏　胡宏波　周　洁　胡凌凌　王军伟

柳虹羽　屈　皓　庄文新

（排名不分先后）

"浙江文化基因丛书"序

习近平总书记指出:"支撑5000多年中华文明延绵至今的,是植根于中华民族血脉深处的文化基因。"[1]浙江是中华文明的重要发源地之一,文化底蕴深厚,文化名人辈出。一叶红船从嘉兴南湖驶出,在时代浪潮中驭势而行;沿"唐诗之路"踏歌而行,千古诗篇回响在山水之间;还有良渚文化、宋韵文化、上山文化、黄帝文化、南孔文化、和合文化、阳明文化、丝瓷茶文化、古越文化、吴越文化……这些文化基因,共同铸就了浙江的"根"和"魂"。

2024年3月6日,浙江省文化广电和旅游厅印发《浙江省文化基因激活工程实施方案(2024—2026年)》,这是继2020年浙江省文化和旅游厅印发的《浙江省"文化基因解码工程"实施方案(试行)》《浙江省"文化基因解码工程"工作导则》和2021年8月浙江省文化和旅游厅印发的《建设文化标识推进文旅融合行动计划(2021—2025年)(试行)》之后,为更好担负起新时代新的文化使命,深入贯彻省委十五届四次全会部署,在全省实施的又一项文化基因重大工程。

---

[1] 习近平:《携手建设更加美好的世界》(2017年12月1日),人民出版社,2017年,第3页。

文化基因解码工程,是文化基因激活工程的坚实基础。文化基因,顾名思义,是指从文化形态切入,厘清其历史渊源、发展脉络、基本走向,从物质、精神、制度要素,语言和象征符号等进行分析、解码所提取的关键知识内核。文化基因解码,围绕中华优秀传统文化、革命文化和社会主义先进文化,按照3个主类、20多个亚类、约100个基本类型分别归档,确保历史年代、地理位置、流布范围等数据均记录在册,挖掘、研究、阐释优质"文化基因",对全省文化资源进行全面梳理。这是一项集"查、解、评、用"于一体的综合性系统工程。全省开展90个县市区的文化基因解码任务,包括文化元素调查、文化基因解码评价、《文化基因解码报告》撰写、证据资料汇总保存建档等,并在此基础上建成"浙江文化基因库"。文化基因解码,起于"查",终于"用"。"查"就是铺开"一张网",广泛收集区域内的文化资源,作为"解"的对象。"解"重在找准四大要素,提取一组基因。四大要素是指物质要素(如原料、工具、环境等)、精神要素(如思想观念、群体性格等)、制度要素(如乡规民约、族规家规、礼节礼仪、表演技艺、创作技法等)、语言和象征符号(如方言、图形、标志、表情、动作、声音等)。通过对四大要素的分解梳理,遴选重点文化元素作为解码对象,从中提取出关键性的知识(技术)点。然后通过对选择的文化基因解码,从生命力、凝聚力、影响力、发展力四个维度进行质量评价。最终用基因塑造IP,以文旅IP开发作品、设计产品,以作品、产品点亮城市生活、赋能乡村振兴。浙江以文化基因为根、文旅融合IP为脉,打造了一条以城带乡、城乡互促的发展闭环,推动文化资源的"活化"利用,把解码成果与提高人民群众生活品质相结合,这就是"用"。以人文之美推动精神之富足,增强浙江高质量发展建设共同富裕示范区的文化自觉。

显然,文化基因是传承和创新的基石。文化基因作为一个社会文化系统的逻辑起点,是一个社会存在和进化、变革和发展的决定力量。文化基因解码就是要把社会文化系统中所表现出来的文化形态、思维方式、行动模式、礼仪符号、风俗习惯等加以还原,揭示其本初原因和底层逻辑。改革开放四十余年来,浙江出现了令人瞩目的"浙江现象",表现为快速的经济增长、蓬勃的发展活力、和谐的社会环境、显著的民生绩效。"浙江现象"源于浙江精神和浙江的文化基因。正确界定、充分挖掘浙江文化的内涵价值,解码浙江的文化基因,对于构建起有效支撑文化建设和旅游发展的"四梁八柱",推动文化建设和旅游发展各项指标持续名列全国前茅,着力建设新时代文化高地、中国最佳旅游目的地、全国文化和旅游融合发展样板地具有重要而深远的意义。

如何寻找突破口?各地在选"码"、解"码"、用"码"的整个闭环中,成立解码专项小组,构建"乡土专家+高校资源+系统人才"三方协作机制,高效推进解码工程。首批编辑出版的"浙江文化基因丛书"中汇集的富阳、南浔、南湖、绍兴、瑞安、平阳、苍南、普陀、岱山、嵊泗、定海、临海、南孔圣地、开化、常山、金华(经开区)、遂昌、云和、景宁、宁波江北等地的研究成果,正是在归纳总结、科学分析浙江文化基因的基础上,探索文化基因解码的方法和路径,同时从人类学、社会学的角度,运用现象学原理,在哲学层面进行解构、剖析,既有理论深度,又能方便应用。丛书勾勒出各地推进文化基因解码工程的概貌。成果本身的内容、方法、转化等，对各地都有很强的示范作用和借鉴意义。

可以说，"浙江文化基因丛书"中的成果，以浙江文化高质量发展为目标，以融合发展为重点，紧扣激活优秀文化基因，以文化基因的挖掘利用赋能文化事业和文旅产业发展，为我省文旅发展再上新台阶、为文化浙江建设贡献了力量。

叶志良

2024年秋于杭州

目 录

前言	001
谢洋风情	003
东沙古渔镇	025
岱山贡盐故事	047
蓬莱十景诗	061
岱山渔家习俗	075
群岛文学	101
渔歌唱晚	119
岱山三大文化古遗址	131
岱山传统渔船建造习俗	141
岱山风筝	155
岱山三宝	167
岱山土话	179
岱山三姓攀塘	199
金维映史迹	211
岱山徐福说	223
血战大鱼山	245
"浙江文化基因丛书"后记	255

前　言

　　岱山，这个船的国度、波浪的家园，人民勤劳勇毅，耕海牧渔，千百年来积淀下深厚的文化基因。徐福东渡的传说，蓬莱十景，谢洋风情，东沙古镇……岱山人用勤劳和汗水表达了对大海的敬畏、赞美和祝福，创造了丰富灿烂的地方文化。通过岱山文化基因解码工程和东沙古渔镇文化标识的创建，可持续推动岱山文旅深度融合，让更多的人感受岱山美丽的海岛风情，见证岱山独特的文化魅力。

　　岱山县通过开展文化基因普查摸底，目前已经完成文化元素调查入库，对岱山文化元素的产生年代、地理位置、基本类型、保护情况、稀有程度、载体形式、实体规模、基因保存情况描述等信息作了较为全面的整理，今后将持续推动文化基因的激活和转化利用。

　　在此基础上，岱山积极创建东沙古渔镇文化标识，围绕东沙古渔镇持续推进文化基因激活和文化标识创建工作。岱山将持续深入挖掘古镇文旅资源，完善岱山海岛公园的旅游建设，打造海岛公园主题IP和拳头产品，创建AAAA级旅游景区，使其成为现代化美丽海岛、长三角知名的海岛旅游目的地。建设东沙海金文创产业园、东沙古镇"民国书房"、渔家民宿等一批海岛公园文旅项目，突出古镇渔文化特色，打造全省知名的海岛旅游目的地。推出"岱山风韵"精品旅游路线，串联东沙古渔镇、中国海洋渔业博物馆、海岬公园、鹿栏晴沙、岱山祭海坛等，形成融运动休闲、海洋文化体验于一体的文体精品旅游线路。开发系列文创产品，实现"东三少"文化商品、旅游纪念品向文创产品迭代升级，通过"非遗＋文创"，打造国潮文化新时尚。年游客人次增加20%，形成全县文化兴盛、文旅繁荣的良好局面。

书中遴选了岱山"谢洋风情""东沙古渔镇"等16个岱山重点文化元素，向读者全面展示岱山悠远绵长的文脉。今后，我们期望把岱山的文化基因全面激活，把东沙古渔镇更生动具象地展现出来，讲好岱山故事，为岱山的文旅事业发展作出新贡献。

赵柯艳

2024年3月

谢洋风情

东海蓬莱 岱山文化基因

谢洋风情

谢洋，舟山渔区专用词，意为渔民在渔汛结束后告别洋地、渔船拢岸、渔人回家的休渔行为。"谢"的原意是指告辞、告别，又包含感谢之意，与"谢年"中的"谢"字相仿。"洋"泛指海洋，是渔民进行捕捞作业的渔场，当地俗称"洋地"。岱山渔民捕鱼分四个汛期，第一汛是农历一月到四月，第二汛是农历五月到六月，第三汛是农历七月到八月，第四汛是农历九月到十二月。两个汛期的间隙是渔人整修工具、集结人员、迎接下一个汛期的休整时期，岱山渔民把这个时期命名为"谢洋"。

在四个汛期中,尤以第二汛为重,即岱衢洋所特有的大黄鱼汛。渔谣曰:"欠债如牛毛,海水值一潮。"就是说,只要抓住第二汛就发达了。这个汛期结束之后,渔民往往满载而归,收获一年中最为丰硕的成果,因而第二汛过后的谢洋是庆祝气氛最浓重的一次,渔民称为"大谢洋"。

最初的谢洋并没有节日的概念,只是渔人回家和亲人团聚的时刻,但是由于海上生活艰苦且枯燥,又面临着生死考验,因此一旦回到陆上,渔民的活力就通过谢洋时期的活动释放出来。在夏季大谢洋时节,渔人尽情地娱乐,家人也参与其中。岛上的渔人不约而同地举行着相似而又气氛热烈的活动,活动范围覆盖整岛,因而整个岛上的欢乐气氛无异于过节,谢洋就变成了渔民自己的节日——谢洋节。

渔民谢洋节荟萃了海岛渔民传统习俗和民间文学艺术,凝聚了渔民的智慧,富有舟山海洋地域特色和民俗风情,因此深受当地民众的喜爱。

近年来,为传承祭海习俗,岱山县政府会同有关部门成立了县非物质文化遗产保护领导小组及祭海工作小组,在古祭坛遗址上建造了我国首个

大型祭海坛，并于东海区每年伏季休渔期举行规模盛大的休渔谢洋大典。

休渔谢洋大典由开幕式、祭海仪式和歌舞谢洋三个部分组成。祭海仪式包括点祭火、恭请龙王、主祭敬香、恭读祭文、落篷挂橹、谢洋放生等环节。仪式庄严肃穆，是对原始祭海习俗的提炼和演绎，也是岱山祭海特色的集中体现。歌舞谢洋仪式由渔民号子、鱼鼓舞、打莲湘等本土民俗歌舞表演组成，以乐舞告祭的形式演绎海洋文化，表达渔民对大海的感恩和敬畏之心。

目前，在地方党委和政府的引领下，岱山休渔谢洋大典致力于宣传海洋文化、保护渔业资源、推进海洋事业的繁荣和发展，已成为岱山旅游和海洋文化的一张金名片。

一、要素分解

（一）物质要素

1. 变化多端、神秘莫测的海洋生产环境

岱山是东海中舟山群岛之一，这里的人们祖祖辈辈以渔为业，利用岱衢洋等渔场资源捕鱼捉蟹，网虾捡螺，获取丰盛的生猛海鲜。然而，渔民简陋落后的讨海工具难以抵御破坏力极强的自然灾害，在变幻莫测的风暴、潮汐等自然现象中，时常发生船毁人亡的惨剧。以"东海龙王"主管东海为原始信仰的岱山人民，在千百年间形成了"出海祭龙王、谢洋祭龙王、求雨祭龙王"的龙王信仰，千百年来代代相传。

2. 丰富的渔业资源

岱山县在长江、钱塘江、甬江等三江流入东海的交汇处，江水中含有大量的有机质和各种无机盐，十分适合海洋鱼类的生长、繁殖。岱山所处海域为太平洋西岸的我国东海海域，我国最大的渔场——舟山渔场环抱岱山，四周有岱衢洋、黄大洋、黄泽洋、灰鳖洋四个传统渔场。岱山海产资源十分丰富，有鱼类124种、贝类77种、虾蟹甲壳类67种、藻类15种，盛产大黄鱼、小黄鱼、带鱼、乌贼等，尤以岱衢洋大黄鱼最负盛名。

3. 龙王信仰相关庙宇、宫殿、地名

自明至今，岱山县境内有龙王庙、龙王殿、龙宫13处，龙潭5处，以龙为名的山、礁等地18处。单从这些历史遗存中，就可看出岱山渔民对龙王的普遍崇拜。

4. 鹿栏晴沙海坛

鹿栏晴沙海坛位于岱山岛鹿栏晴沙景区内，始建于2006年，是岱山举行开洋谢洋庆典的主会场。据史志记载，岱山人民自唐宋以来，就有休渔谢洋的庆典，海坛是敬颂海洋、祭祀海洋的圣地。

（二）精神要素

1. 平安顺遂、生活富足的朴素愿望

海洋天气变幻莫测，在海上渔船拥挤、岸上渔人杂居的特殊环境中，各类天灾人祸时常发生，轻则破财伤人，重则船毁人亡。当渔民的生命财产安全得不到保障时，祈求神灵保佑平安、丰收便成为朴素的精神寄托。因此，本土渔民祭龙王、祭海神等民俗活动频繁。

2. 感恩海洋、人海共生的和谐理念

在现代中国海洋文化节谢洋祭海大典中，庄严肃穆的祭海仪式和放生仪式，表达了海岛人主动改善渔场环境、培养渔业资源、与自然和谐相处的愿望。谢洋放生仪式体现了渔民休渔养海的可持续发展观，以及让海洋资源永不枯竭的美好愿景。

3. 海龙王原始信仰

岱山岛先民认为：世间万物都有神灵存在，只是处在不同的空间；神灵各辖其界，神通广大，为人类所不能及。如果与神灵和平相处，神灵能给人类带来福祉；一旦触犯神灵，则会招来种种灾难，后果不堪设想。因此，在海边滩涂及近海进行小型捕捞作业是向东海龙王讨口饭吃。然而，总有海中水族及

神灵怪渔人不守规矩，侵犯龙王领地，还抓捕龙王子民，使水族损失惨重，因此，他们就经常向龙王奏本告状。龙王心生怒气，调兵遣将，呼风唤雨，惩罚渔民，渔民则家破人亡、妻离子散。渔人深知龙王威力，故以祭祀的方式让龙王高兴，祈求出海顺利、生意兴隆。于是，岱山先民募捐集资在村口岙里建造规模不大的龙王庙，并选择出海之前、谢洋之后、龙王生日等时机，用五牲福礼、荤素佳肴向龙王献祭供奉。久而久之，这里就形成了"出海祭龙王、丰收谢龙王、求雨靠龙王"的龙王崇拜、龙王信仰习俗。

（三）制度要素

1. 古代以家庭和船为单位的谢洋民祭

在民间，谢洋祭海仪式一般以渔船或家庭为单位。祭海仪式主要包括谢洋祭龙王及诸海神，渔家俗称"谢龙水酒""行文书""散福"。祭祀仪式比较讲究，多以船只为单位进行，船东为主祭，日子由其选定，但时辰必须在涨潮至平潮之间。拥有多只渔船的船东则选择某一吉时良辰在各条船上同时进行。生意好、家底厚的船东祭品丰盛，全猪全羊供奉，显示主人的诚意与好客；经济拮据的渔民则量力而行，祭品简单，一般仅用一个猪头加若干荤素菜肴以表心意。偏僻渔村也有德高望重者组织生意清淡或蚀本的渔民，拼凑共祭，祭海的时间、地点、规模、程序、供品等则大同小异。

2. 古代官府主导的谢洋公祭

历史上，舟山群岛祭海分公祭与民祭两大体系。公祭指的是历代官府奉旨在龙王宫举行盛大的祭海典礼。公祭由朝廷命官主祭，一般志书有载，有据可查。据《隋书·陈稜传》载，隋大业六年（610），虎贲郎将陈稜与朝请大夫张镇周（一作张镇州）奉命讨伐流求（今台湾），曾杀白马祭海。据《旧唐书·礼仪志》载，唐时已制定了祭四海龙王制度。宋袭唐制。南宋时期，高宗皇帝避难于岱山，曾于泥螺山上的古祭台祭告天地、大海，祈求社稷安宁。此后，南宋一直有官方公祭龙王的活动。南宋乾道五年（1169），孝宗下诏在舟山公祭东海龙王。嗣后，每年六月初一为公祭龙王日。清康熙年间，朝廷公祭龙王活动达到鼎盛期。

3.古代迎神赛会习俗

谢洋节后期临近秋汛时，民间还要举行熔戏剧、曲艺、音乐、舞蹈和造型艺术于一炉的具有祭祀和娱乐功能的迎神赛会。岱山的迎神赛会分合境大会、分片中会和单庙小会三种。岱山岛大会四年一届，以闰年为多，持续三天，以司基东岳宫为中心，由玄坛庙等六庙之神出殿陪同东岳大帝巡游全境；中会由高亭片三庙联办，以高显庙为中心，届期与大会相同，由东岳大帝之"替身"驾幸同游，持续两天；小会以东沙都神殿和闸口崇福庙单庙举办，会期一天。

4.现代中国海洋文化节暨休渔谢洋大典

中国海洋文化节暨休渔谢洋大典由岱山县政府会同有关部门，于每年6月中旬在岱山海坛举办，简称"谢洋大典"。谢洋大典于2005年在岱山县高亭镇首次举办，至2023年，已连续举办了17届。谢洋大典活动由岱山县各乡镇渔民担任祭海主角。仪程主要包括四大基本内容：休渔谢洋迎宾颂礼、谢洋祭海演绎风俗、护海倡议放生养海、歌舞升平感恩海洋。谢洋祭海的内容尊重渔民的传统习俗，在规模上进行扩展，让全县各乡镇渔民代表面向龙王进香祭拜，由过去的一船一祭或一岙一祭扩大到全民共祭。歌舞升平感恩谢洋，即以音乐、舞蹈、杂技等艺术形式表达渔民对大海的感恩敬畏之心，将谢洋大典固有的文化娱乐活动通过祭祀方式予以展示。

5.丰富的渔民文娱活动

谢洋大典期间的文化娱乐活动，也可视作渔民的狂欢活动。民间的娱乐形式，有谢洋戏剧、曲艺、海洋锣鼓、迎神赛会等。除用以助兴的民间艺人表演外，渔家安排的大多是人对神灵的祭祀和人与神灵的感情交流，传递着人对大自然和生命的尊重与热爱。

（四）语言与象征符号

1.打莲湘

打莲湘又有"打连响""打花棍"之称，是一种传统民俗舞蹈。打莲湘起源于行乞舞。清康熙二十三年

（1684），朝廷颁布展海令，大陆民众陆续返回定居生息，行乞舞随着来海岛的求乞者而传入。特别是在逢年过节的时候，求乞者就会到有钱人家的门口，手拿一根短棍又唱又跳，说一些恭维奉承或吉祥喜庆的话，讨主人欢心以求施舍。后来，有钱人家为讨吉利，在过节的时候会请一些人专门到家里唱。

岱山打莲湘主要分布在岱山县长涂镇一带，多在正月出会时表演。清至民国时期，出会（迎神赛会）是当时百姓主要的文化娱乐活动。《岱山县志》（1994年版）记载，民国二十六年（1937），岱山岛合境大会，为末次出会。长涂镇有座太平庙，每年正月初要出会，热闹非凡，其中打莲湘与花灯、马灯合队表演就是当地的一大特色。表演人数有六七十人。表演阵容先闹花灯暖场，再跑马，后打莲湘。一般有花灯五十盏以上，五匹马、一名马夫，背照二人，打莲湘六人，四打二唱或二打四唱，既使表演者保存体力，又使打莲湘富有节奏感、层次感。除了出会，打莲湘也在正月初一春节至正月十五元宵节的晚上，挨家挨户表演，以贺新年。

打莲湘的伴唱音乐以马灯调为主，还有新年调、小娘子割草调、抬货调、漂白纱调、堂门叹苦调等。唱词内容有恭贺新年、恭喜发财的，有表达夫妻依依难舍之情、青年男女谈情说爱的，也有反映海岛其他风土人情的，贴近生活，具有浓郁的乡土气息和亲和力。

当莲湘棒有节奏地击打身体的各个部位，伴随弹跳腾跃的动作，能起到舒筋活血、发展身体的协调性和节奏感的作用，使人精神饱满，充满激情和活力。这是一项融民俗、舞蹈、音乐和健身于一体的民俗文化艺术。

2. 岱山布袋木偶戏

布袋木偶戏又称作"布袋戏""手操傀儡戏""手袋傀儡戏""掌中戏""小笼""指花戏"。在岱山，布袋木偶戏俗称"下拢上""小戏文"，是一种起源于17世纪福建泉州或漳州的用布偶来表演的地方戏剧，后主要在福建、广东、台湾等地流传。

布袋木偶戏，大约于150年前，由宁波人朱潭山传入舟山。朱潭山被后人尊为舟山布袋木偶戏的始祖。朱潭山，出生于1847年前后，三十几岁时来舟山表演布袋木偶戏。朱潭山演的布袋木偶戏，又俗称"街戏""独脚戏""凳头戏"。他常在街市中表演，演毕向观众索钱。后有店家为还愿酬神，专请朱潭山表演，这样"街戏"变成了"愿戏"。在朱潭山传授的艺徒中，有三位比较有名，他们是金塘的邵惠义、长涂的张庆法、朱家尖的王阿伟。邵惠义后又广泛收徒，培养的艺人分布在整个舟山群岛。至20世纪40年代，舟山有20多个木偶戏班在城乡小岛流动演出。1959年，40余名布袋木偶戏艺人加入舟山地区曲艺队，由布袋木偶戏世家出身的潘渭涟组建了东升木偶剧团。1965年，东升木偶剧团对原有表演进行改革，使木偶戏由"唱门头"、做"愿戏"等流动演出，改为在书场、礼堂等固定场地演出。

岱山的王嘉定先生从小喜爱观看布袋木偶戏表演。1978年，他牵头组建了岱西木偶戏团，自任团长，成员5人。当年，岱西布袋木偶戏由何阿宝师傅主演，王嘉定、陈海舟、金月伦、陈德海等在后台伴奏配乐。过了一年，何师傅由于身体原因，不能再担任主演，王嘉定先生向潘渭涟拜师学艺，做主演。1983年，岱西木偶戏团赴沈家门参加全市木偶戏调演，获"优秀戏团"荣誉，王嘉定获优秀演员奖。至2013年，剧团仍由王嘉定主演，金光浦、林后良、汪围国三个成员为乐手。

一般，布袋木偶戏无论是哪个流派、处于哪个时期，均以伴奏音乐、说书口白与显现操偶技巧为主，也就是，除特例外，布袋木偶戏在演出中，较少出现人声曲调及唱腔表现。但是，舟山布袋木偶戏在发展过程中，逐渐脱离内陆的风格，在吸收当地流行的民间小调、易听好懂的地方话、苏州评弹的角色搭配的基础上，与越剧相结合，并增加调头、腔套，以满足观众的审美需求。岱山布袋木偶戏以舟山特有的"二簧"腔调为主，配合其他戏曲声腔进行唱白，可以说在一个剧目表演里，根据故事情节灵活运用，九腔十八调纷呈上场，极大地增强了布袋木偶戏的可视性。

岱山布袋木偶戏，形式上，有演单本的，每剧只能演二三十分钟的折子戏，也有能演几天几夜，甚至十几二十天乃至一个多月的连台剧，如《薛仁贵征东》《薛丁山征西》《薛刚反唐》等。这些连台剧颇受群众的喜爱，也是岱山木偶戏的特色所在。艺人们往往在一场戏结束时留一悬念，以勾起群众的观看欲望，这与中国古典章回小说中的"欲知后事如何，且听下回分解"相似。

布袋木偶戏的实际演出与其他中国戏剧相同，可分为前场与后场，前场为戏台部分，观众可见到操偶师傅操作人偶于戏台上的表演，后场则有操偶师、乐团和说唱师傅。欣赏布袋木偶戏演出的三大重点，就是操偶师的把玩木偶技巧、乐团伴奏的音乐及说唱师傅的表演。布袋木偶戏有句行话说"三分前场，七分后场"，正说明了后场是布袋木偶戏的精髓所在。后场的说唱师傅可谓布袋木偶戏的灵魂人物之一，在布袋木偶戏的演出中，后场的说唱师傅包办了戏中所有人物的对白与念唱，也常是布袋木偶戏戏剧中唯一的挂牌主演者。因为身系演出成功与否的重任，主演者必须具备仿男女老幼不同人物音质、不同讲话风格及地方口音的技巧，还必须要有深厚的文学造诣和音乐素养，且能做到生、旦、净、末、丑各角色五音分明，加上情绪表达的八声七情，及其余基本角色口白，等等。

岱山布袋木偶戏的操偶师傅与唱白师傅同属一人。王嘉定表演的操纵是用手由下而上，以手掌作为木偶人躯干，食指托头，拇指和其他三指分别撑着左右两臂的，能体现一些人表演戏剧难以体现的动作，具有技巧高超、造型精美的特点。他尤为擅长武打场面和善于刻画人物性格。

至于后场配乐，根据文武戏的不同，有不同的乐器配乐。武场一般只有节奏而无音高的打击乐器（锣鼓、铜锣等），文场一般有音高变化的拉弦、弹拨、吹管乐器的演奏（有越胡、三弦、二胡等）。

布袋木偶戏，主要道具是戏台和木偶。（1）戏台。不管哪种形式的表演，布袋木偶戏的演出都需要戏台。戏台一方面有区分和隔开前后台，以及观众与演出者的功能，另一方面可以提供演出所需要的戏剧布景。岱山布袋木偶戏台早期是四角棚，一般宽1.4米、高1.7米，构造类似于一座小型土地公庙，有四根柱子，中间是大厅，为戏偶活动的舞台，其四面之中，三面皆空，大厅中有一层交关屏，用来遮掩暂未出场的艺人。四角棚的装饰及雕刻都较为简单，后期戏台逐渐发展得更为复杂精致，配合木雕、花板技术以及中国传统建筑的风格来制作。（2）木偶。布袋木偶戏的木偶基本结构包括身架、服饰、盔帽（头饰），身架包含头（木制）、布身、手、实心的布腿、靴子（木制）等。木偶高度约30厘米，头连颈长8至9厘米。偶头用樟木或白木雕刻而成。至于木偶穿的服装，仿其他戏曲中的人物装束，皆由布制成。岱西木偶戏团创演时期，木偶主要购于定海，总共有52只，后因演出观众的反映和剧目的需求，按照购买来的52只木偶人物道具模式开始自制布袋木偶戏的人物、武器、兵器等道具。

岱西木偶戏团主要在本地的庙宇搭台演出，后在各村老年活动场所进行表演，盛演时也曾赴嵊泗东海剧场等大书场进行表演。

3. 调马灯

调马灯是一种流传甚广的民间舞蹈，岱山县各地都有分布。此舞因文化背景不同，又有不同的形式和阵法，在岱山县内较为出名的有石马岙马灯、茶前山马灯、长涂马灯。

石马岙马灯出现在清康熙二十七年（1688）岱山开禁后，属庙宇文化，归庙柱首管理。据传，石马岙马灯是因纪念神马而创。石马岙有座庙，称石马庙，因清康熙年间在岙中出土了宋代状元袁甫墓前的石马而得名。民间传说，由于年长日久受天地日月之精华，后来石马成了神马。为了表达对神马的敬仰之情和祈求来年风调雨

顺，石马庙弟子自设马灯、阵法于每年庙会进行表演。

茶前山马灯队组建于1946年春节，因为抗日战争胜利，村民以此来庆贺风调雨顺、国泰民安。民国时期，调马灯一般由保长发起，由刘和平制作马灯。刘和平聪明过人，仿制的马形象逼真。他把马灯扎得玲珑剔透，马与灯用篾片扎绕，用红、黄、蓝、白、黑、棕、绿等颜色的绸布缝制，用彩纸粘贴耳、目、口、鼻、尾，栩栩如生。在马的前后身插上蜡烛，灯中插一支蜡烛，加上前中两个旗枪、四盏挂灯，马活动时，烛光随之摇晃，整个阵容流光溢彩，绚丽夺目。在鼓锣、长号的召唤下，观众纷至沓来，挤满大道地。

长涂马灯始创于300多年前。当时东剑村建有一座太平庙，春节农闲时，为祈求庙下的百姓太太平平、健健康康、生意兴隆，当地村民自组春节马灯队。他们腰缠纸扎的马灯，于每年正月初开始到正月十三上灯期间，挨家挨户，手敲锣鼓，载歌载舞，边跑边唱，被称为"出马灯"。

马灯队一般由20人左右组成，分成两组，每组各有一个成年男性作为带头人。带头人手擎一面用竹丝编织成的长形彩牌，上面写着"风调雨顺""天下太平"等吉祥语，俗称"门枪"。后面跟着的是马童，都是由11—14岁的孩子扮演。他们头戴英雄结，身穿束腰紧身衣裤，肩披绸质披风，右手执鞭，左手牵缰，身前是用竹丝编成的并用各色丝织布包装起来的马前半身，装有响铃的马灯昂首扬鬃。马童身后是马的后半身，马尾飘洒，乍一看，似是人跨在马背上一般。马的前、后身内都装有灯具，在夜间点灯表演时，煞是美观。

服饰：英雄结，红绿服装、红腰带（绸布做的，长1.3米）、布草鞋等。

道具：旗枪（长2米多，高60厘米，用绸布做的）、马灯（长1米）、鼓（直径30厘米）、锣（直径30厘米）、钹（直径25厘米）、小锣（直径20厘米）、长号（长40米）。

调马灯这个民间舞蹈，具有很强的民族风格，基本上是代代流传下来的。随着时代的发展，调马灯已不流行了。

4. 调龙灯

调龙灯，习称"舞龙"，又叫"耍龙""耍龙灯""舞龙灯"，即用竹篾扎成龙头、龙尾和龙体十余节，用

布系连并绘成龙颜，每节设木柱一人操之。汉代董仲舒《春秋繁露》中已有明确的各种舞龙求雨的记载，此后历朝历代的诗文中，记录宫廷或民间舞龙的文字也屡见不鲜。直至现在，舞龙仍是民间喜庆节令和普遍存在的舞蹈形式之一。经过体育工作者的不断完善，舞龙现已成为一项体育比赛项目。

舞龙最基本的表现手段是道具造型、构图变化和动作套路。根据龙形道具的扎制材料的不同，分为布龙、纱龙、纸龙、草龙、钱龙、竹龙、棕龙、板凳龙、百叶龙、荷花龙、火龙、鸡毛龙、肉龙等；根据色彩不同，又可分为黄、白、青、红、黑等，以黄龙最为尊贵。

舞龙的构图和动作一般具有"圆曲""翻滚""绞缠""穿插""蹿跃"等特征。舞龙的传统表演程序一般为"请龙""出龙""舞龙"和"送龙"。民间有"七八岁玩草龙，十五六耍小龙，青壮年舞大龙"的说法。舞龙人数，少则一人舞双龙，多则百人舞一大龙。

服饰：颜色鲜艳，以红、黄、青为主，女性舞龙者服装包括衣服、裤子、围裙等，男性舞龙者服装包括帽子、衣服、裤子、腰围带等，具有民族特色；头饰、化妆根据表演规模大小而定。

道具：一个龙珠，一条18米长龙（9人舞）。作为民间表演活动，还可以配以花篮、花船等。

舞龙无专用音乐，一般用锣、鼓四件套等打击乐伴奏。

5. 小唱班

小唱班，又名"吹行"，过去应邀多演奏于民间婚丧喜事，主要乐器有唢呐、笛子、凤凰箫、二胡、三弦、琵琶、金刚腿和锣鼓，常奏乐曲有《一江风》《梅花三弄》等。除在本县活

动外,常赴上海、定海、普陀、嵊泗等地演出。

岱山历史上曾有泥峙小宫门、磨心村邱家和枫树墩邱家三个小唱班,流传百余年,后因艺人谢世,逐渐衰落乃至失传。如今,岱山县多方找寻民间艺人、文艺骨干重新组建岱山小唱班,乐队的阵容有二十余人。通过几年的培训与提升,岱山小唱班开始向舟山锣鼓演奏华丽转身,演奏代表曲目有《回洋乐》等。

6. 舟山走书

舟山走书,又称"文武走书",是一种以说、噱、演、唱为手段的曲艺表演形式,边讲边唱边演为其主要特点。在演唱上既有领唱,又有伴唱,很有韵味,非常动听;在表演上一人能担任多个人物角色。各类人物的动作模拟技艺较强,男的、女的、老的、小的,文的、武的……以形动人。在说白中,轻重、快慢、强弱清晰而有节奏。运用地方语言表达,易懂好听,通过叙事、抒情、演唱推动剧情发展,刻画人物性格,塑造角色形象,具有较强的艺术性。

舟山走书,是岱山衢山岛民间艺人王文彪根据宁波走书、木偶戏、上海评书等表演形式特点,结合自己嗓音特点组织唱腔,是一种具有鲜明个人特色的地方曲艺。它有别于蛟川走书、宁波走书等其他地区的走书,吸取了各类剧种和走书的精华,综合走书门类的艺术表演,加上地方语言的特色,腔调别具一格,为群众所喜闻乐见。

舟山走书从坐唱形式转变为走唱形式,在演唱上别具一格。其演唱的主要声腔为小起板、四平调、赋调、青丝二黄等,同时为迎合群众的喜好,根据剧情需要,适当插入越剧曲调和大陆调,曲调旋律不同,情感表达不一。在表演中,其通过叙事的说白、腔调的演唱,来推动剧情的发展、刻画人物的性格、塑造角色的形象等,具有一定的艺术价值。

文武走书中道具虽简易,但其替代运用性较强,如折扇、醒木、手帕、台布、桌子、椅子等的运用。其中折扇可模拟笔墨纸砚、刀枪戟橹、鞭等；醒木可制造多种声音效果，同时也用于开场提醒；手帕所用多处，既是女人的日用品，如剧情中小姐之类的配饰，又可代替店小二的接待布、商人的搭肩袋之类；桌椅既是家庭中不可缺少的摆设，又是表演中常用的具体道具之一。

文武走书演唱的传统节目有《包公案》《八窍珠》《宏碧缘》《三门街》《乾坤印》《双王狮》《麒麟宝》《秦香莲》《宝莲灯》《描金扇》《杨文广平北》等，现代戏有《林海雪原》《野火春风斗古城》《芦荡火种》《三只鸭蛋》等，另有王文彪根据海岛生活编唱的《东海女英雄》《盐场风暴》《三个小铜匠开家大工厂》等反映海岛人民斗争和生产生活的现代书。

文武走书主要的传统演出剧场有定海状元桥书场、沈家门书场、衢山岛斗书场、四平书场、东沙角玄坛庙书场、镇海百花书场、宁波天封书场、嵊山里百步书场、金塘大丰书场、沥港书场、白泉书场等。

7. 腰鼓（鱼鼓舞）

在岱山，腰鼓是解放初期由南下部队流传下来的文化产物。

重要艺人姚余兴，1953年至1958年，由原岱山总工会的周素仙等文艺骨干传授打鼓、打大钹等技能，1993年自发成立腰鼓队，曾常年活跃在岱山海岛之间。

喜庆的腰鼓热情奔放、欢乐沸腾，鼓声铿锵有力。身型、手法、脚型、步法等基本要领要熟练，以腰为轴，全神贯注听大钹指挥声号，塑造千姿百态的优美动作，排列千变万化的各式队形。总结多年编排的舞姿名称，主要有天女散花、凤凰点头、弓步摆荡、织女穿梭、扭腰点步、三声炮响、提步三进、鹞子翻身、舒臂抬腿、踩莲旋转、左右献媚、乘风破浪等。

腰鼓的内容可根据活动的需要，酌情编排。例如：召开大型运动会时，就需要强烈的节奏感，军号齐鸣，如运动员进行曲；海洋文化节踩街时，需跑跳活跃、载歌载舞，表演时要形

式多变，造型优美新颖，可唱渔民号子及渔歌。

近年来，腰鼓在舞蹈编排上大胆改革、不断创新，选配双扇、彩带、大鼓、旗牌、红旗、军号、唢呐等。

腰鼓的特点：

（1）人员机动，少则8人，多则百人；

（2）场地大小不限，因地安排人员（舞台表演20—30人）；

（3）健身健美，老、中、青皆宜；

（4）喜闻乐见，百看不厌。

演员服饰力求统一，颜色以红、黄、蓝为主，服饰要求统一，头饰、化妆根据表演规模大小而定。

道具：口叫、大钹、钹穗、腰鼓、鼓带、鼓棒、棒带、旗牌、大鼓、吹乐器材、彩扇、彩带等。

腰鼓无专用音乐，以大钹为指挥，一般以"咚叭 咚叭 咚咚叭 咚叭:‖咚咚叭 咚叭 咚 〇｜"为主旋律，可在此基础上任意谱曲。

二、核心基因提取与评价

基于对材料的全面、深入分析，得出本文化元素的核心基因表述为："平安顺遂、生活富足的朴素愿望""感恩海洋、人海共生的和谐理念""现代中国海洋文化节暨休渔谢洋大典"。

谢洋风情核心文化基因评价依据

评价项目	评价因子	评价依据（特点）	是否
生命力评价	文化基因存续的时间	自出现起延续至今，未曾明显中断	√
		自出现起延续至今，但多次衰微、中断后复兴	
		曾明显衰败，改革开放后开始复兴或历史溯源关键环节缺失，难以考证	
		文化形态主体已灭失，现存部分痕迹	
	文化基因的稳定性	在发展过程中保持相当稳定的状态	√
		在发展过程中存在明显的精神内涵、表现形式剧变	
凝聚力评价	文化基因的凝聚力及社会动员效果	曾广泛凝聚起区域群体的力量，显著推动过社会经济文化的发展	√
		曾部分凝聚起区域群体力量，对社会经济文化的发展产生过影响	
		凝聚过力量，创造过实际的发展动能，但未见对社会经济文化发展产生显著改变	
		仅在历史文献或口耳相传中存在，未见实际介入社会经济发展	

续表

评价项目	评价因子	评价依据（特点）	是否
影响力评价	辐射的范围	具有全国性、世界性的影响力	√
		具有长三角区域、浙江省影响力	
		具有市县、乡镇影响力	
	提炼的高度	已经被古代文人士大夫和（或）当代学者提炼为精神符号和理念理论	√
		单纯的样式、造型、工艺技术规范	
发展力评价	与当代精神追求和价值观念的契合	传统文化基因得到创造性转化、创新性发展；区域革命文化基因被完整继承、广泛弘扬；区域社会主义先进文化基因成为与浙江"三个地"相适应的文化高地	√
		部分转化、部分弘扬、部分发展	
		难以转化、难以弘扬、难以发展	

说明：基因特点评价是对解码出来的基因，根据本《导则》表2的要求，围绕"四个力"逐一对表打"√"，进行定性表述

（一）生命力评价

据史志记载，岱山人民自唐宋以来就有休渔谢洋的庆典。它起源于自然崇拜，在漫长的耕海牧渔生活中形成了具有地域特色的渔家文化活动。近年来，随着海洋文明建设的进步和海滨旅游业的发展，谢洋大典的规模不断扩大，参加人数不断增加，影响范围不断拓展。因此，"平安顺遂、生活富足的朴素愿望""感恩海洋、人海共生的和谐理念""现代中国海洋文化节暨休渔谢洋大典"等核心元素，随着文化元素主体的发展而不断壮大，生命力亦增强。

（二）凝聚力评价

自唐宋以来，历代岱山人以谢洋大典为载体，寄托丰收、

平安的愿望，宣传保护海洋资源的理念，以促进海洋资源的可持续性开发。可见，自古以来，"平安顺遂、生活富足的朴素愿望""感恩海洋、人海共生的和谐理念""现代中国海洋文化节暨休渔谢洋大典"三大文化基因通过谢洋大典的仪式，广泛地凝聚起区域群体的力量，推动社会经济文化的发展。

（三）影响力评价

渔民谢洋祭海是中国沿海渔民崇拜和信仰海上诸神的一种祭祀方式，其民众的参与性之广、影响之大、延续历史之长，在诸多渔家习俗中独树一帜，而在我国东南沿海又以岱山的谢洋大典最为著名。目前，中国海洋文化节暨休渔谢洋大典、首个大型祭海坛落地于岱山，同时渔民开洋、谢洋节已被文化和旅游部确定为第二批国家级非物质文化遗产。岱山谢洋大典的影响力可见一斑。因此，以岱山谢洋风情为载体，"平安顺遂、生活富足的朴素愿望""感恩海洋、人海共生的和谐理念""现代中国海洋文化节暨休渔谢洋大典"三大文化基因能够产生全国性的影响力。

（四）发展力评价

"平安顺遂、生活富足的朴素愿望""感恩海洋、人海共生的和谐理念""现代中国海洋文化节暨休渔谢洋大典"三大文化基因的传承、弘扬具有重大意义和迫切的必要性。大海的馈赠，让曾经的岱山以"渔"而兴、以"渔"而荣。近年来，海洋开发的脚步日渐加快，"靠海吃海"有了多样性选择，海洋经济为岱山带来大开发、大发展机遇的同时，也让海岛人进一步认识到海洋生态文明建设的重要性，尤其是近海渔业资源的日渐萎缩已经成为一道难揭的伤疤。目前，岱山全县正在持续开展"幼鱼保护攻坚战"和"伏季休渔保卫战"。有度有序利用海洋，让渔业资源休养生息，既需要有强制性的法律保护，也要有内在的道德约束。谢洋大典所传达出的文化基因，可以从道德层面加深人们对"休渔谢洋"的认识和理解，以此推动海洋生态文明建设，形成人海共生的和谐关系。

三、核心基因保存

"平安顺遂、生活富足的朴素愿望""感恩海洋、人海共生的和谐理念""现代中国海洋文化节暨休渔谢洋大典"作为谢洋风情的核心基因,文字资料出版物有民国《岱山镇志》、《岱山县志》(1994年版)、嘉靖《定海县志》、康熙《定海县志》、光绪《定海厅志》、民国《定海县志》、《乾道四明图经》、《宝庆四明志》、《大德昌国州图志》、天启《舟山志》、《隋书》、《唐书》、《文史天地》(舟山文史资料)等,实物材料祭海坛保存在岱山县鹿栏晴沙海滩处。

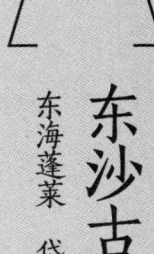

东沙古渔镇

东海蓬莱　岱山文化基因

东沙古渔镇

东沙位于著名渔场岱衢洋沿岸，岱山岛的西北角，是一座百年古镇，也是舟山群岛著名的渔港。自清至中华人民共和国成立初期，东沙镇为岱山的政治、经济、文化中心。东沙镇三面环山，一面濒海，原自西向东有一个半圆形海湾，镇区就坐落在这海湾东角的沙滩上，古称"东沙角"，镇名因此而得。

东沙建置可追溯到唐朝。相传五代时，阿育王曾铸铁塔一千尊，藏于各地，吴越钱忠懿王派人送两尊铁塔藏于东沙山渚头的普明院中，可见其当时的影响。因明清两代曾实行海禁，海岛一度荒芜，直至清康熙二十三年（1684）起朝廷下令废弛海禁，至二十七年（1688）岱山开禁，各地渔民先后进入岱衢洋捕鱼，渐使东沙渔船云集。随着渔业的兴起，四方居民和百作工匠会聚而来，日久成市。据《中国渔业史》载，东沙渔港形成于清康熙年间，每逢渔汛，江苏、浙江、福建沿海诸省的渔船集聚于东沙，船以千计，人以万数。另据《岱山县志》（1994年版）载，1917年渔汛期间，停泊在东沙洋面的渔船计有12601艘，渔民达82650人。每到夜间，海面上排排渔船停泊达5000多米，渔船日夜运鱼，近海口落地灶连夜烤网，各加工厂通宵加工鱼货，从海上到镇区，千万盏围灯像天上无数的星星。热闹的场面无可言喻。

悠久的历史，繁荣的经贸，形成了东沙镇特有的文化底蕴与人文内涵，尤以建筑文化、宗教文化、饮食文化与民俗文化独具特色。朝着老街往里走，古巷、古宅、旧商号、渔厂、盐坨、货栈等触目皆是，古朴典雅。整个镇区纵街横巷，井然有序，房屋建筑布局严谨、结构牢固。有人概括了东沙传统建筑的六大特点：一是房屋错落有致，所处地势开阔，南高北低，有一定的层次感。二是不少房屋建在海边，带有浓浓的"海味"。三是建筑种类多样，集各地之大成而独具特色，既有四合院式的民居建筑、宏伟气派的宗祠建筑、古朴典雅的庙宇建筑，又有功能各异的商号建筑，还有近代欧式建筑。四是建筑用料特别讲究，不少殷实人家的厅院立柱大多是专程从福建北部山区运来的樟树、柏树、杉树等，厅院用平直石板铺设，屋墙石料也多用大理石、花岗石等上等石材。五是东沙建筑具有古典风范，飞檐画廊，精雕细琢，其建筑艺术极富明清特色。六是东沙建筑历史悠久，

现存的近百处古建筑中，最早的已有200多年的历史，100年左右的建筑随处可见。

东沙是个汇集四海渔民、客商于一处的古渔镇，各地文化在这里交汇，佛教、道教、基督教多种宗教并存。镇区内寺院宫庙众多，较有名气的有资福寺、报恩寺、净观寺、羊府宫、五都府、真神堂等。

东沙的民俗文化也是由东南沿海各地的渔民、商人及其他前来定居者带入并融合而成的。早在东沙渔港开埠时，就有内陆的调龙灯、舞狮子、跑旱船等民俗活动传入东沙，最热闹、最具海岛特色的要数迎神赛会，且行且演，礼炮相接，鼓乐不绝，热闹非凡。当年的东沙还有庙会戏、舞花灯、说走书、演杂耍、扭秧歌、打花鼓、打腰鼓等。每遇重大节庆或渔汛季节，这浓浓的民俗风情充满着古镇的大街小巷。

东沙的饮食文化亦享有盛誉。据《岱山县志》（1994年版）载，东沙渔港附近海域的鱼类有140多种，蟹虾类有40余种。各类鱼鲜从东沙上岸后，用岱山当地的家常做法烹制，鲜美爽口，享誉江浙沿海。东沙还在长期实践中创造了干、腌、糟、醉等加工方法，既能保质防腐，又形成独特的风味，产品盛销国内以及东南亚地区。

近年来，岱山县创新性地实施古镇"非遗+旅游"模式，着力打造东沙非遗小镇，构建集保护传承、展示展演、教学体验、生产旅游于一体的文化旅游产品。依托东沙非遗小镇，自2010年至2023年，东沙弄堂节已成功举办11届。从第三届弄堂节开始，非遗展示展演展销活动成了这一节日的核心主题之一。特色非遗大联展与本地文化有机融合，让东沙弄堂节充满了浓郁的文化气息。

一、要素分解

（一）物质要素

1. 岱衢洋渔场

自古以来，东沙镇凭借濒临岱衢洋这一得天独厚的优势以渔兴市。据《中国渔业史》及康熙《定海县志》记述，岱衢渔场首列石首鱼（大黄鱼），长年有之，但四五月最多，最高年产约4万吨。岱衢洋渔场盛产大黄鱼，其次是鳓鱼、带鱼、鲳鱼、乌贼、鳗鱼、蟹、虾、海蜇等。古有"前门一港金，后门一港银"之说。清康熙开禁后，每逢渔汛，江苏、浙江、福建沿海诸省的渔船云集于东沙，船至数千，人至数万。据记载，民国六年（1917），停泊在东沙的渔船计12601艘，渔民达82650人。当时，二三百号冰鲜船、百余只驳鱼舢板日夜运鱼；近海口50多具落地灶昼夜烤网，山咀头、铁畈沙等渔埠上卸鱼、装盐、运送给养通宵不绝。

2. 横街古商业街

东沙镇得渔盐之利，带动横街商贸业高度发展。"横街"有大小之分，是东沙镇的主要商业街，历史上有"横街鱼市"之称。清代文人王希程《蓬莱十景·横街鱼市》诗曰："海滨生长足生涯，出水鲜鳞处处皆。才见喧阗朝市散，晚潮争集又横街。"可见，横街摊位上海鲜产品之多，鱼货买卖之活跃。

横街上比较著名的还有"严永顺米店""三阳泰南货""鼎和园香干""王茂兴老酒""高元春饼店""聚泰祥棉布",以及售卖木材、柴炭、毛竹、铁器、绳索等的商店,生意兴旺。民国《岱山镇志》载孙振麒《岱山游记》:"岱山菁华在东沙角,街市繁盛,衢道平整……其市面之商业,率视渔业之丰啬为伸缩,有南北杂货、绸布庄等。"从前横街商贸业之发达,由此可见一斑。1951年5月,东沙镇建立了百货经营组,开创了当地国营商业经营的先河。

3. 悠久的古镇建筑

在东沙古镇,不少殷实人家的厅院立柱大多是专程从福建北部山区运来的樟树、柏树、杉树等,厅院用平直石板铺设,屋墙石料也多用大理石、花岗石等上等石材。现存的近百处古建筑中,最早的已有200多年的历史,100年左右的建筑随处可见。

(二)精神要素

1. 因地制宜的发展理念

东沙古镇因地制宜,依托岱衢渔场大力发展鱼产品加工、贸易产业,生产干、腌、糟、醉加工的海鲜产品,使其成为历史上舟山地区最大的海产品加工贸易中心。

2. 以文促旅、以旅兴文的发展观

近年来,岱山充分挖掘古镇非遗项目,创新性地运用"非遗+旅游"模式,构建集保护传承、展示展演、教学体验、生产旅游于一体的文化旅游产品,既保护了当地珍贵的历史文化遗产,又促进了旅游经济的发展。依托东沙非遗小镇,岱山自2010年至2023年已成功举办11届东沙弄堂节,极大提升了"东沙古渔镇"品牌。

3. 兼容并包的古镇气度

东沙汇集四海渔民、客商于一处,各地民俗文化在这里交汇,佛教、道教、基督教多种宗教并存,展现出兼容并包的古镇气度。镇区内寺院宫庙众多,较有名气的有资福寺、报恩寺、净观寺、羊府宫、五都府、真神堂等。同时,随着东南沿海的渔民、商人前来定居,各地的习俗被带入东沙并融合演变成当地特有的民俗。早在东沙渔港开埠时，就有内陆的调龙灯、舞狮子、跑旱船等民俗活动传入东沙，最热闹、最具海岛特色的要数迎神赛会，另外还有庙会戏、舞花灯、说走书、演杂耍、扭秧歌、打花鼓、打腰鼓等。每遇重大节庆或渔汛季节，古镇的大街小巷弥漫着浓郁的民俗风情。

（三）制度要素

1. 岱山海洋鱼类传统加工技艺

岱山地处舟山渔场中心，渔业历史悠久，捕捞品种众多，鱼类有140多种，蟹虾类有40余种。在长期实践中，创造了盐渍、冰鲜、风干、晒干、糟、醉等多种传统加工工艺，成品分为干品、腌品、糟品、醉品等，盛销国内以及东南亚地区。

鱼类加工史，最早可以追溯到2500多年前"吴王制鲞"的传说。吴王尝"曝干"的黄鱼，觉得这剖腹晒制的黄鱼肉味道十分香美，即亲书"美下着鱼"，创造了一个"鲞"字，并流传下来。另《周礼注疏》载："王者备物，近者腥之，远者干之，因其宜也。"说的是，远在内陆的周代王室，能吃到的海产品，即为经过烘制和煮熟后经日晒或风吹而干燥的鱼虾食品。北魏贾思勰《齐民要术》记载了多种鱼类加工技艺，有鱼酱法两种、鱼肠酱法一种、腌制法一种、鱼鲊法多种，还对加工对象的优选、佐料、加工过程、时间等作了介绍。唐及宋，有关海产品加工的记述，散见于地理、历史著作和野史笔记、民俗遗闻之中。据《中国渔业史》载，这一时期的水产品加工大致有饮馔、冷藏、保鲜和货用四种。元《大德昌国州图志·叙赋》中《渔盐》一节中记载"附海之民，岁造鱼鲞"，在《税课》一节中记载"鱼鳔，岁纳八十斤"。从这些记述中，可以看出鱼鲞、鱼鳔加工在元朝已成为一个普遍现象。

随着渔业的开发和商品生产的发展，到唐宋时期，水产品加工业逐渐成为一个独立的产业。到了宋代，"舟山共有水产品加工厂数十家，而半数以上在岱山"（《岱山文史资料》第二辑）。但明清两代初年的"海禁"，使正在发展中的岱山渔业生产濒于中断300年左右之久。直至康熙二十七年（1688），岱山开禁，渔业及加工业才又重新发展起来，出现了专业鱼厂。清乾隆年间，已有一些鱼厂在岱山东沙组成"老渔商公会"。到了抗日战争前，岱山有私营鱼厂303家，其中东沙162家、衢山120家，其余在高亭等地。总桶口12125吨，年产咸干品6000吨左右，畅销苏、浙、闽、鲁等省。1946年，鱼厂减为156家，桶口8093吨，加工投料2500余吨。1956年，私营厂143家，其中东沙118家、衢山16家、高亭9家，总桶口5689吨。当年进行社会主义改造后，国营水产公司独家生产。20世纪60年代，陆续建水泥池代替木桶。1967年，东沙、高亭、衢山、长涂4个地方的加工厂有桶口5700吨，其中水泥池容量1200吨，制品21600吨，为历年最高。1978年，产16207吨，其中大小黄鱼制品占2.2%，比1967年所占比例减42.1%。1979年起，传统加工业渐衰。1988年，传统制品仍占相当比重者，仅东沙水产综合加工厂一家，年产咸醉鳓鱼、三矾海蜇、鱼鲞、鱼卤等100吨。

干品，分鲞、干、鲊、海味干品四大类，制品有大黄鱼鲞、无头鲞、螟蜅鲞、风鳗、小黄鱼干、糟白咸鳓鱼干、鱼鲊、鱼胶等52种。

腌品，鲜鱼置于腌货板上，放盐拌匀后落桶，称"抄咸"，适宜大批量体型较小鱼类的加工。剖开鱼体腌制叫"卤片"，宜加工体型较大的鱼类。原型逐尾精制曰"抱"，盐渍、卤浸渍曰"抢"，置鲜鱼于盐堆下曰"棚"。另外，还有盐、矾混合腌制，虾蟹类经粉碎后腌制等。传统腌品有30余种，其中三抱鳓鱼、三矾海蜇、大黄鱼卤片、抢蟹、蟹糊为最佳。

糟品，用酒糟腌制，肉质松软，鲜嫩芬芳，别具风味。传统制品有糟鲳鱼、糟乌贼、糟带鱼、糟鳗鱼、糟杂鱼等。

醉品，用白酒或黄酒醉制，置缸、瓮内密封。传统制品有醉瓜、醉鳓鱼、醉鲳鱼、醉马鲛鱼、醉墨蛋等。

（1）大黄鱼鲞的种类及制作工艺

大黄鱼系暖温结群性洄游鱼类，体大鳞黄，经过精细加工成鲞后，洁白、形圆、味鲜、咸淡适口，含有丰富的蛋白质和适量的脂肪，有开胃、清火、生津、活血的作用。黄鱼鲞总的制作方法是把新鲜的黄鱼盐渍之后，置日光下晒干即成。因黄鱼体形、制作技艺的差别，黄鱼鲞又可分为老鲞、淡圆、潮鲞、瓜鲞、瓜筒等数种。

·033·

①老鲞。它是大黄鱼盐渍干制品中品质上等的加工品，所有的原料品质好，鱼体匀称，条头大，加工手续最烦琐。先把一尾重两三斤的大黄鱼平放在劈鱼条凳上，凳的一头加草垫，刀手坐在上面。劈鱼时，把鱼头朝刀手，鱼背在刀手的右方，先从肛门起刀，劈向鱼体的背部，顺沿背脊剖到口端，把鱼劈成两片，但鱼的腹部依然相连，然后把它摊开成椭圆形，再在尾端沿侧线加割一刀，所以老鲞又叫二刀鲞。

掰开鱼体，取出鱼胶、鱼子、鱼白、鱼肝等。腌鱼工在盐堆上用手揉擦鱼体内外，使其均匀沾上盐粒，并把鱼依次背叠入盐桶中（总的要求是下轻、中平、上重，即落地桶的下部大约用盐30%，中部大约用盐35%，上部大约用盐40%），总用盐量约35%。当天用石头在最上面压好。这个过程需15—20天。大黄鱼经过腌渍和压榨后，鱼体内的水分和血液都出来了。盐分渗透到鱼体内层，变成咸质，即可取出。然后，用洗鲞篰把鱼放在海水里洗净，将鱼眼睛用竹签刺破。

第一天上午先晒鱼背，如晴天，约10点后即可翻转晒肉面。第二天先晒肉面，并把鱼尾巴向腹部做弯，使整条鱼鲞微成圆形状，再翻晒鱼背。第三天类同第二天，三潮（天）后，有条件的，视情况再晒三潮。然后可暂入库，周围放稻草，不通风，上盖簌竹垫，等到伏天，再出晒三潮，再进库，进库后方法同上。上件前，再晒三潮，俗称"烤老鲞"。这时，将鱼鲞排成扇状，装入底部放有稻草的亮眼篰中，待销。

②淡圆。原料要选新鲜大型而且体态整齐的才行，这种制品是鱼鲞中的佳品，味淡而鲜美。劈法是从肛门部切下后折向背部，沿背脊呈半月形至头的下腭部中心为止，然后把鱼体张开，除去肠胃，再在尾柄部纵划一刀，从劈开处直通尾端。劈开应注意：第一，应沿着背脊一刀直剖到底，使劈开平滑而没有凹凸不匀现象。第二，头部的耳石不可切破，以免损及体形和减轻重量。第三，口腔的上腭前端也不可切开，须留一二分。第四，下

腭中心部须用刀切开少许，使鱼体易于张开。

盐渍的方法是先在盐盘中堆积食盐，一人张开鱼体，把鱼的头部插入盐中，另一人则用两手压之，腌入木桶中，这是最简便的方法。如果把尾端内外部，先用盐抹擦均匀，则更完善，尾部刀割的地方，应该塞满盐粒，以增加咸度，普通用盐量为25%—30%。腌制时，桶中鱼体各层之间，亦要撒布盐粒，而在桶中的底层和上层更要加多量盐粒，堆满木桶以后，就用石块压之，四五天以后可以取出晒干。干晒时，必须是晴朗的天气，不然遇到阴天，容易腐臭。干晒之前，须放在淡水中，用毛刷把鱼内外洗刷洁净，所以腹腔内的黑膜以及血液，都要洗刷掉，然后浸在淡水里面大约2小时，以使鱼体内的盐分渗出，再移到晒场竹篾垫上干晒。干晒时，由晒工两手执鱼，使鱼背弯曲（应注意将鱼之背脊骨折断）成圆形，置于垫上日晒，并须用稻草包裹，不然制品易于潮湿，甚至变色而"油烧"（脂肪氧化的现象）。制品远销全国，尤其浙江、福建两省最畅销。

③潮鲞，又叫"潮白"。原料是每条约1千克的新鲜大黄鱼。劈法和老鲞相同，不过在尾柄上不另多割一刀，所以又有"一刀鲞"之称。盐渍的方法也和老鲞相同，如果用石块压榨的时间过久，则在一个月以后，需要重新腌一次，复腌的用盐量20%即可。晒在日光下的时间比老鲞要短，两三天，晒干后装竹篓内。一般运销到长江一带。

④瓜鲞。原料是鲜黄鱼中较小的。制法是先把鲜黄鱼平放在劈鱼凳上，鱼头向刀手，鱼背在刀手的右方，从尾柄的前端，沿背脊直劈一刀到头部，再把鱼翻过来，在另一胸鳍的地方划一刀，以便取出鱼鳔，并把食盐放进去，再在肛门面的地方划一刀。劈好的鱼，在鳃腹内部和剖割的地方都要用重盐盐渍，用盐量40%。经盐渍3天后，用重石压榨三天，然后放在日光下晒干。第一天，要晒起白色的盐花，并用竹签刺破鱼眼睛，使其液质流出（翻2—3次）。第二天，挖鱼鳃再晒。第三天抛花。然后可以上件（80千克为一件），运往外地销售或食用。

⑤瓜筒。原料是鲜鱼里最小的，制法和腌制小黄鱼相同。鱼体不用剖割，内脏也不除去，用盐量和以上几

种制品相同。

（2）风鳗鲞的制作工艺

鳗常栖息于水深 50—80 米的泥沙质海底。夏汛时为当龄鳗，鱼体瘦小，称"鳗丝"；冬汛时体肥肉厚，富含蛋白质、脂肪、钙、磷、铁、维生素（A、B_1、B_2、C）等营养物质。清代汪昂《本草备要》载，鳗鲡"甘平，去风杀虫，治骨蒸劳瘵，湿痹风瘙，阴户蚀痒，补虚损"。制成风鳗鲞，内质鲜韧，其味甚佳。

选取新鲜肥状的冬鳗，去除表面附着的黏液，用干布拭去表面水分，平放在工作台上，鳗头朝人，尾部钉上铁钉，右手持刀，从鳗尾部沿背脊直劈至头部嘴端。将鳗从劈开处摊开，取出内脏后，不用盐，不用水，可用湿布抹去腹部的血迹。然后，用竹篾将鳗腹部撑开，挂到通风处。一日后，将鳗取下，放到平直木板上，腹部朝上，用刀从头部起，沿背脊，一横刀至尾部，叫"翻骨"。其作用是使鳗鲞整体同时干得快一点，不至于因这个部位肉质肥厚而影响整条鳗鲞的质量。最后，挂到通风处晾干，即成冬鳗鲞。食用时，将鳗鲞蒸熟即可。

（3）螟蜅鲞（乌贼鲞）的制作工艺

乌贼，又称"墨鱼"。东海盛产曼氏无针乌贼，渔期是立夏至夏至，旺汛是小满至芒种，有"立夏之影，小满撞山"之谚。乌贼味咸，性平，入肝经、肾经，具有养血、通经、催乳、补脾、益肾、滋阴、调经、止带之功效。乌贼制成干品后，称乌贼鲞，又称"墨鱼鲞""墨鱼干"；无针乌贼的干制品，常称螟蜅鲞。其呈淡红色，半透明，肉质厚，具清香气味，既可蒸着吃，也可烤着吃。

选取新鲜乌贼拿在一只手上，使其腹部朝上，另一手持乌贼刀，由腹腔上端正中扦入至尾部腺孔为止。取出鳔，然后放入洗鱼篓，用海水清洗。晒时，先晒背部，让腹部向下，每 2—3 小时翻动一次，使腹部向上，连续翻转 3 次。第二天翻转晒 2 次，一直晒到七成干为止。然后整形，即用木锤敲打使之平直，再将其放入库房，四周放上稻草或用麻袋密封，放置3—4天后进行罨蒸，使其表面发花，待天晴时晾晒，充分干燥后即成成品。

（4）三抱鳓鱼的制作工艺

鳓鱼，古称香鱼，系近海洄游中上层鱼类，通体银白，鱼体扁小，尾重多0.25千克左右。鳓鱼鲜品中蛋白质含量高达21%，且鳞下脂肪层厚，含大量不饱和脂肪酸，钙、磷、铁、锌、碘、硒等元素含量丰富，营养价值很高。精制为成品后，味道浓香，不易变质。

首选眼睛碧绿的新鲜鳓鱼，并用竹签将其眼睛戳破，让水流出（防止里面水变质，使眼睛变色），再用长约30厘米的细竹条从鳃孔处刺入腹腔，直通肛门，以便腌制时下面的水分渗入鱼体内。腌制时，将盐研成碎末，按鱼鳞排列的逆向，从尾部开始，用手将盐抹在鱼身两侧鳞上。然后将盐从鱼腮两侧塞入，直至塞满。如果鳓鱼未过僵硬期，一般也可先浸入鱼卤中，或者先用10%盐抄拌，散堆在地上，等鱼体中的血卤排尽后，再塞盐通肚。将腌过的鳓鱼，依桶的螺旋形，肚向上，背向下，放入木桶或缸中，一条条、一层层整齐叠好。上面封盐，用大石头（石头重量约为鱼重的50%）在最上面压好，此谓一抱。如待一水洋（约十天），将一抱鳓鱼捞起，卤沥一下，再将鱼整齐叠好，一层鱼一层盐，上面封盐，再用大石头压好，此谓二抱，亦称转抱。再过十天左右，将二抱鳓鱼分开晾干。一排排平列放入底部铺有稻草的竹筐中，一层鱼一层细盐叠好，再用石头压好。这是最后一道工序，即三抱。整个过程用盐量是鱼重量的35%—40%。成品率，春季约为68%—70%，秋季约为76%。

三抱鳓鱼，大规模加工须采用落地大鱼桶；家常加工，用甏或小坛即可。三抱鳓鱼制成后能够久置而不变质，配以鸭蛋、火腿片、姜片、黄酒等辅料蒸之，肉质红嫩，咸鲜可口，是岱山居家传统名菜。三抱鳓鱼的卤汤，可以作海蜇丝的佐料，味道鲜美可口，又是一道传统名菜。

（5）三矾海蜇的制作工艺

海蜇，为海生的腔肠动物，蜇体呈伞盖状，通体呈半透明，白色、青色或微黄色，其触须能分泌毒液。用食盐、明矾腌制，浸渍去毒滤去水分，方可食用。海蜇还是一味治病良药。

清代王士雄《归砚录》谓："海蜇，妙药也，宣气化瘀，消痰行食，而不伤正气……故哮喘、胸痞、腹痛、症瘕、胀满、便秘、滞下、疳黄等病，皆可量用。"加工后的产品，伞部被称为"海蜇皮"或"蜇皮"，口腕部被称为"海蜇头"，二者的加工方法略有不同，其商品价值也不同，海蜇皮的价格高于海蜇头。

捕到的新鲜海蜇，在船上就要进行头矾加工。加工时，先用刀把伞部割开，称为"开膛"，再用刀把伞部和腕部连接的颈根肉（俗称"虾蛇衣"）割开，接着用刀刨去伞部的"红衣"。然后擦去伞部背部的白色黏液，用海水洗净，接着撒上明矾粉，一般每 50 千克鲜海蜇伞部约用明矾 0.125 千克。割下的腕部，要放在另一个舱里，放置 4—5 小时，使其内的血污排出，然后用海水洗涤，再倒在舱里进行矾渍，每 50 千克用明矾 0.2 千克左右。头矾时不放盐。海蜇经过矾渍后，水分渗出，肉质变硬。成品率，海蜇皮为 60%，海蜇头为 50%。制品称为头矾海蜇。

在渔船回港后即将头矾海蜇，分装在竹箩内沥去水分，浸入盐卤内，叫作"调卤"。卤水一般都用二矾卤，或用海水加适量的盐和明矾，调卤 2—3 次浸泡一昼夜，使海蜇体内的水分充分渗出。将海蜇取出放入竹箩内，放置 1—2 小时，沥出水分，然后在蜇皮反面的中心部位撒上盐矾混合物约 0.125 千克。盐矾混合物的调制比例是每 50 千克伞部用盐 9—10 千克，每 50 千克盐拌明矾 0.1—0.125 千克。撒过盐矾的伞部，经过调卤沥去水分后，依次排列在木桶内，头冠向上，每砌一层，撒上一层矾和盐，盐、矾用量和伞部重量相等。海蜇经过二矾后，一般在桶内须腌制约 7 天。这时的海蜇称为"二矾海蜇"，成品率约为头矾海蜇的 70%。

三矾海蜇的加工方法与二矾相似。所用盐矾的量要根据二矾成品的重量而定。一般，每 50 千克伞部用盐 9 千克，每 50 千克盐拌矾 0.125 千克，每 50 千克口腕部用盐 8 千克，每 50 千克盐拌矾 0.1 千克。

海蜇经过三矾，在桶内腌渍一个月左右，就成为三矾海蜇。加工成品率，约为二矾海蜇的 25%。从新鲜海蜇加工成三矾海蜇的成品率是 10%—20%。

将三矾海蜇皮从大桶中移至篓中，平摊沥卤，提干一周后（其间翻动2—3次），即为"提干海蜇皮"。

海蜇加工过程复杂，环节较多，无论哪一环节处理不当，都会发生腐烂，影响成品率，因此在操作中须注意以下几点：（1）头矾时去净血衣，以防蜇皮产生斑点。（2）用矾量要适度，防止发生苦涩或腐烂，俗称"伤矾"。（3）鲜海蜇在船上要及时加工。（4）开膛时，蜇皮上不能沾带污水、血水。（5）加工容器要洗净、消毒，切忌沾油荤物。（6）谨防水滴入或渗入。（7）如在一桶海蜇里发现有变黑、发臭、腐烂等情况，应及时处理，以免危及其他。一般要放在0.5%的矾液中洗涤2—3次，再加盐、矾另外堆放。（8）制成品的堆放处，应凉爽通风，不会被日晒雨淋。

经过加工的三矾海蜇皮，蜇皮圆而完整，不破碎，直径在33厘米以上，色泽洁白或淡黄，带有光泽，无红衣、红点、泥沙、异味，肉质韧而松脆。若放上两三年，就会变得更嫩、更脆，味道更好。海蜇切丝拌金针菇、牛肉、黄瓜，清凉可口，味道鲜美。

（6）新风抢蟹的制作工艺

新风抢蟹，又叫红膏抢蟹，是用盐卤浸渍冬、春两季的梭子蟹制成。梭子蟹，俗称"白蟹"，蟹肉质细嫩、洁白，富含蛋白质、脂肪及多种矿物质。制作时，从冬季和初春捕获的新鲜梭子蟹中挑选肥壮膏满的雌蟹，洗净，口朝上整齐地排列在木桶或瓷缸内，撒上一层食盐，再铺上一层蟹，至木桶或缸将满时，倒入调制好的饱和食盐水，盐水要稍高于蟹平面，覆以竹片，压上石块。浸到一定火候，蟹壳中偏前部位会出现二颗近似眼睛的圆点，此时的抢蟹口味恰到好处，咸淡适中。新风抢蟹，尤以活蟹腌制，味最鲜美。盐的比例，按季节而定，盐放得太少，容易变质，盐放得太多，则过咸，鲜味就差。另外，腌制时间太久，则蟹肉发黑，鲜味大减，甚至不能食用。新风抢蟹，红膏满盖，肉色晶莹，味咸而甘，十分鲜美。食用时，宜佐以醋、

姜末蘸食，堪称盐渍卤海鲜中的珍品。

（7）糟鱼的制作工艺

糟鱼品种繁多，有糟带鱼、糟乌贼、糟鲳鱼、糟黄鱼、糟鳗、糟鲥鱼、糟马鲛鱼等等。糟品制成后，具有肉质松软、骨烂如泥、香而不腥、肥而不腻等特点。

糟鱼品种虽多，但制作工艺基本相同。先把鲜鱼像制鲞那样劈开，洗净，再用盐腌制后晒成七成干，然后切块糟拌。把糟拌后的鱼块一段段放入酒埕或小甏中，也可在最上面加入烧酒（大约5千克鱼中加烧酒250克），菜油100克，最后撒上盐，用荷叶包甏口，封上泥。等三个月后，可随时启封食用。

工艺稍有差别的，如糟鲫鱼，要保留其鳞，以示挺骨。若糟制乌贼，要把盐塞入整只新鲜的乌贼体内，个体大一点的，每只50克盐为宜。然后一只只在缸内叠好，上面用石块压上，4—5天后出晒，待外面水分晒干后，冷却过夜，再用刀将乌贼切成小块拌糟。若糟制鳗，因其体质肥厚，把切好的鱼块放入甏中后，一层鳗一层酒糟，为增加其渗透力，须撒上少量的盐和酒，最后用酒糟封口。

糟鱼放入甏中的时间，习惯拣在落潮时分，据说，在涨潮时制作，卤水会涨出甏而失味。食时，蒸熟即可，其卤也可蘸海蜇丝，鲜美香浓。

（8）鱼胶的制作工艺

鱼胶，又称鱼鳔或鱼肚，是用黄鱼、鳗鱼等鱼类的鱼鳔制成，含有丰富的胶原蛋白和脂肪，具有增强抗病能力，延缓衰老的功效。大黄鱼胶是极具营养价值的传统滋补品，具有润肺健脾、补气活血之功能。除了食用，鱼胶又可作为工业原料。根据鱼胶的制作方法不同，又可分为片胶、长胶和圆胶，岱山多制片胶和长胶。

①片胶：先将新鲜鱼胶放入淡矾水中浸过（矾、水比例约1∶200），用手搅拌，使明矾渗到鱼鳔里。然后装入布袋，用砖头压去水分，经过三四个小时或一夜，取出来剥去鱼鳔的外膜和小血管等，同时用剪刀剖开。

· 040 ·

剪时，须用右手指捻准鳔里两侧的直径，使之相对，以使用剪开后没有偏斜，再剥去鳔的血膜，平铺在洁净的竹匾上置太阳下晒，晒干后就成制品。天晴的时候，一般晒一两天即成。如遇阴雨天，用盐、矾、水（比例为10∶1∶100）腌制，方法同上，成品称"咸胶"。这种片胶与鲜胶相比，成品颜色、质量稍次。片胶质厚而透明，一般供食用。食用时，先用盐炒、油炸，再入汤或炒菜，入口鲜美松软。

②长胶：矾渍和膜剪剖等程序都和制片胶相同。经过上述处理后的鱼鳔，自首至尾，压在桌面上，大约使它伸延两尺（一尺等于33.33厘米），阔约四寸（一寸等于3.33厘米）的时候把鱼鳔加叠在上面，再用两手平均把它拉伸，拉到长约五尺、宽两三寸为止，然后挂在竹竿上晾，七八成干后，可置阳光下晒，但不可烈日曝晒，干后以厚薄均匀、色泽洁白为上品，10条为一节，50千克为一件，待销。成品率分两种：摊制（即略粗一点加工），干长胶透明度较差，成品率34.1%；洗制（即精加工），干长胶透明度好，成品率30.9%。长胶不供食用，专供工业方面制造胶水等，运销华北、天津等地。因现鱼原料丰富，岱山长胶制作已成为历史。

2. 制盐技艺

东沙镇的盐业相当发达。岱山为浙东盐仓，年产原盐10万吨以上，占全省1/4左右。

海盐的制作工具主要有煮煎工具、板晒工具、滩晒工具。

制盐工艺流程主要有煎煮、板晒、滩晒等。

3. 解床习俗

海岛的解床习俗流传已久，是指婴儿出生后三天，供奉"床公床婆"的一种祭祀仪式，过去在岱山民间具有普遍性。此项习俗，操作简便，不讲究排场。黄昏时分，人们常用盛器"浪谷寨"（即筛，一种圆形竹编工具），当桌子放在产妇和婴儿睡的床下面的地上，寓意以后出生的婴儿离这胎间隔时间长一点。然后在"浪谷寨"上安放三支清香、一双小红烛，摆好二杯酒、二碗饭（二碗实际是两个酒盏，俗称"相两盏"或"相谅盏"，饭最上面覆盖红糖些许），最后还要摆上笔、墨、砚、纸等文房四宝，以期婴儿长大之后聪明好读书。一切摆设就绪，祭供才算正式开始，点上清香、小红烛，祭供约一炷香时间。其间，除敬三杯酒外，婴儿须由其父母或爷爷奶奶抱着，用双手参拜床公床婆，祈祷床公床婆用心教会婴儿人生必须学会的一些基本技能，而且乖巧、安全地走好人生第一步。同时，叫接生婆或婴儿父母给婴儿从头至脚沐浴一次。供祭结束，婴儿的父母把即将燃完的清香（称香脚），连同预先准备好的锡箔（即冥钱）一起请到房子外面去烧掉，边请边口中念道"房中如有小鬼，请到外面去拿钞票，然后远去他方"，意为防止"六日头"（旧社会常有婴儿出生六天左右即夭折）发生。最后，将祭供过床公床婆的"相两盏"，分送给邻舍隔壁的小儿吃。如周围邻舍小儿多，可再盛上几盏，上面同样放上红糖。吃过"相两盏"的人，日后能通情达理，相互体谅，相互帮助，团结友爱。解床习俗是旧时的一种民间风俗，表达了人们对小孩一生平安、健康成长的祈祷，寄托了渔家人一种美好的祝愿。

二、核心基因提取与评价

基于对材料的全面、深入分析，得出本文化元素的核心基因表述为："岱衢洋渔场""因地制宜的发展理念""兼容并包的古镇气度"。

东沙古渔镇核心文化基因评价依据

评价项目	评价因子	评价依据（特点）	是否
生命力评价	文化基因存续的时间	自出现起延续至今，未曾明显中断	√
		自出现起延续至今，但多次衰微、中断后复兴	
		曾明显衰败，改革开放后开始复兴或历史溯源关键环节缺失，难以考证	
		文化形态主体已灭失，现存部分痕迹	
	文化基因的稳定性	在发展过程中保持相当稳定的状态	√
		在发展过程中存在明显的精神内涵、表现形式剧变	
凝聚力评价	文化基因的凝聚力及社会动员效果	曾广泛凝聚起区域群体的力量，显著推动过社会经济文化的发展	√
		曾部分凝聚起区域群体力量，对社会经济文化的发展产生过影响	
		凝聚过力量，创造过实际的发展动能，但未见对社会经济文化发展产生显著改变	
		仅在历史文献或口耳相传中存在，未见实际介入社会经济发展	

续表

评价项目	评价因子	评价依据（特点）	是否
影响力评价	辐射的范围	具有全国性、世界性的影响力	√
		具有长三角区域、浙江省影响力	
		具有市县、乡镇影响力	
	提炼的高度	已经被古代文人士大夫和（或）当代学者提炼为精神符号和理念理论	√
		单纯的样式、造型、工艺技术规范	
发展力评价	与当代精神追求和价值观念的契合	传统文化基因得到创造性转化、创新性发展；区域革命文化基因被完整继承、广泛弘扬；区域社会主义先进文化基因成为与浙江"三个地"相适应的文化高地	√
		部分转化、部分弘扬、部分发展	
		难以转化、难以弘扬、难以发展	

说明：基因特点评价是对解码出来的基因，根据本《导则》表2的要求，围绕"四个力"逐一对表打"√"，进行定性表述

（一）生命力评价

三大核心基因延续至今未曾明显中断。东沙古渔镇历史悠久，人文底蕴深厚，大量古建筑、古街巷保存较好，成为集中展示岱山县历史文化、民俗风情最精华区域。文化元素的稳定保障了文化基因能够以稳定的形态获得发展。

（二）凝聚力评价

三大核心基因能够广泛凝聚起区域群体的力量。近年，岱山充分挖掘古镇非遗项目，创新性地运用"非遗+旅游"模式，构建集保护传承、展示展演、教学体验、生产旅游于一体的文化旅游产品，推动当地社会经济、文化的发展。

（三）影响力评价

三大核心基因具有全国性、世界性的影响力，已经被古代文人士大夫和当代学者提炼为精神符号和理念理论。以因地制宜为地方发展观，深挖自然资源、人文历史资源，可以为地方经济的发展注入强大的动力。同时，在文旅一体的大背景下，以文促旅、以旅兴文的先进发展观亦是"因地制宜发展理念"的体现，将各地独特的文化现象、历史底蕴作为旅游产品的核心，可以增加旅游的深度、拓展旅游体验的维度，同时还能起到传承、保护地方文化的作用，一举多得。

（四）发展力评价

如今，百年古镇东沙以其浓郁古朴的渔家风土人情吸引着全国各地的外来游客，让人们驻足留恋。同时，岱山也越来越重视古镇文化价值，对古镇进行了妥善的保护，并有序地推进开发，相继建成或修复了中国海洋渔业博物馆、金维映史迹陈列室、东沙海产加工作坊（省级文物保护单位）、非遗特色街区、香干老作坊、方言馆、渔都古镇"老字号"等项目。在此基础上，三大核心基因与当代精神追求和价值观念相契合，能够较好地转化、弘扬、发展。

三、核心基因保存

"岱衢洋渔场""因地制宜的发展理念""兼容并包的古镇气度"作为东沙古渔镇的核心基因,文字资料主要保存在《中国渔业史》、历代《定海县志》及岱山县政府网·风景篇等,实物材料保存在岱山县东沙古镇的各类建筑体、遗址。

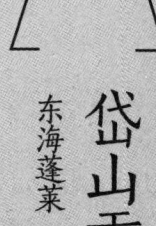

岱山贡盐故事

东海蓬莱　岱山文化基因

岱山贡盐故事

岱山素有"渔盐之利、舟楫之便"之称，历来是浙江省重点产盐地区，海盐生产历史悠久，"贡盐"美誉闻名遐迩。岱山晒盐历史可溯到唐代中叶，迄今已有1200多年。漫长的制盐历史、辉煌的晒盐年代，留下了灿烂的盐文化。回顾千年制盐史，从最早的烧盐时期到板晒时期，再到现今滩晒时期，盐业生产工艺不断得到改进，生产技术不断得以提升。短期结晶、精耕细作的制盐工艺，使得盐产品具有色白、粒细、速溶、微量元素含量丰富之特质，深受广大消费者青睐。

目前，位于岱山县经济开发区的中国盐业博物馆，继续讲述着千年来煮海晒盐的历史故事。

一、要素分解

（一）物质要素

1. 齐备多样的制盐工具

岱山制盐工艺的工具主要分为三大类：煮煎工具、板晒工具、滩晒工具。

煮煎工具：煮煎工具简陋笨重，多以竹、木、铁制成。有用以割泥取卤的割刀、泥扒、溜锹、钉耙、卤吊、担桶等，有煎盐所用的铁头木柄盘铲、结盐的铲盘底，有砌盘用的竹篾编制的围笠，有煎卤时用以捞草屑泡沫的竹制捉沫耙、撩斗、溜斗笠，有清除灶膛木灰用的六齿耙、八齿耙、榔灰耙，还有盛盐沥卤的沥盐桶、沥盐架、盐箩等。

板晒工具：工具多以竹、木、铁制成。有庨海水入场的水车、耙泥的牛耙、储溜碗沥下卤水的溜井缸、运盐或运卤水的拖桶等。另有刮泥制卤的小工具，如搪板、木锤、推盐耙、扁担、钩子、畚箕等。

滩晒工具：1964年，全县基本实现平滩生产，制盐工具有所改善。1975年起，工具逐步由以竹、木具为主，改变为以机电工具为主。1986年后又开展"标准盐场"建设，制盐机具日趋普及。20世纪90年代，"压滩机""提卤泵""旋卤打花机"的应时诞生，解决了晒盐的三道主要工序中"提卤提水难，碾压滩田累，旋卤打花苦"的问题和制约原盐产量、质量的问题。压滩机，可对盐滩进行压实，使之坚硬、平整、不漏，参与的是盐业生产中一项基础性工作。提卤泵，可用于雨后把卤水从卤池中抽提出来，让其在盐田上蒸发浓缩，参与的是一道晒盐工序。旋卤打花机，可使盐粒均匀细小，参与的是一道将卤水和盐粒上下搅动的生产工序。

随着相关工具的不断改进，制盐工艺得到相应改进，因而创制出色白、晶匀、粒细、质佳、味鲜的一流海盐。

2. 以中国盐业博物馆为盐文化传承、展示地

2005年，岱山在万亩盐场兴建了中国盐业博物馆，馆内设置了制盐实物、制盐工艺厅。广大参观者可领略当年煮海工艺和板晒、滩晒制盐工艺，感受历史悠久的盐文化。

3. 色白、粒细、速溶的贡盐品质

岱山盐质特佳，优一级品率高，自宋朝起就被列为贡盐，名扬全国。其原盐平均氯化钠含量为91.24%，平均白度为58.57%，平均粒度为91.41%，具有色白、粒细、速溶的特点。

（二）精神要素

坚忍、勤劳的制盐人精神

从最早的煮盐时期到板晒时期，再到现今滩晒时期，都留下了历代岱山制盐人辛勤劳作的身影。北宋著名词人柳永《鬻海歌》中曰："年年春夏潮盈浦，潮退刮泥成岛屿。风干日曝咸味加，始灌潮波塯成卤。"元代学者陈椿《熬波图·捞洒撩盐》中曰："人面如灰汗如血，终朝彻夜不得歇。"明代彭韶《淮盐场图诗疏略》载："煎煮之时，烧灼熏蒸，蓬头垢面，不似人形，酷暑如汤，亦不能离。"当地民谚曰："清早出门头碰檐，黑夜归家矮三寸。"诸多流传下来的文字作品描述了盐民制盐之不易，体现了他们坚忍、勤劳的精神。

（三）制度要素

1. 以滩晒为主的晒盐技术

岱山原盐生产工艺屡经变革，可分三个历史时期。唐、宋、元至清代时期用煎煮之法，称"煮海"或"熬波"。嘉庆年间，岱山盐民王金邦首创盐板成功，开创利用光热、风力等自然能的板晒法。中华人民共和国成立后，党和政府领导盐民，经过反复探索试验，至1964年，终将沿袭千年的刮泥淋卤法，改由海水直接蒸发制卤、制盐的滩晒法。

（1）煎煮：煎煮分制卤和煎盐两个部分。北宋著名词人柳永《鬻海歌》，形象地描述了盐民和刮泥制卤的艰辛劳作。约计一担卤水，需挑原料咸泥四五担，又挑三四十担海水灌溜而成。集聚足量卤水后，开始砌盘煎盐。煎盐设备分铁盘、篾盘、铁锅。盘后另设数锅，利用余热温卤。煎煮时间1—2.5小时。一盘既成，再注卤续煎，迭次循环，昼夜不熄火。4—10日后伏火，称为"一造"。他日开煎，重新砌盘。煎盐之劳尤甚，元代陈椿《熬波图·捞洒撩盐》和明代彭韶《淮盐场图诗疏略》中都有形象生动的描述：挥汗如血、彻夜不息、蓬头垢面，却坚持不懈。煎煮时期，盐民从制卤到煎盐告成，终年驱妻逐子，举家登场，含辛茹苦，似牛如马，真是一颗一粒皆血汗凝成。

（2）板晒：板晒制卤与煎煮时间相同，但工艺流程较煎煮完善。其基本操作如下：

开辟场地：一般以3亩（1亩等于666.67平方米）为一单元，俗称"一墩泥场"。

筑溜：泥场中间置圆形土溜碗2—3只，每只溜碗口径3米，底径2.8米，深0.6米，可容成咸泥120—150担。溜碗中间埋一通节竹管，连接溜外卤井缸，以盛沥出咸卤。

纳潮：大潮汛，以自然落差灌场；中小潮汛，凭手拉水车提水灌场。这一环节谓之纳潮。

整漏：溜中堆泥既满，先踏实、踩平，然后用木榔头拍实整平，边上筑水墙。

淋卤：取漏仓潭内海水徐徐淋灌溜面，尔后渐次增加，使海水均匀下渗，此称㧐溜水。10担咸泥约需㧐溜水4担，保持溜水3厘米。沥一昼夜，卤水经溜底草过滤，顺溜竹管流入卤井缸。

测卤：卤水咸淡用莲子测试，莲沉则卤淡，莲浮则卤浓；咸卤储于卤桶备晒，淡卤留作㧐溜水。淋尽溜内咸卤开缺辟淡。

挑泥渣：掘出生泥堆于溜碗周边，积七八次，待天气晴好时，挑开匀铺泥场，曝晒数日，灌入海水浸咸。

制卤一切环节均是露天作业，特别强调时效，稍有滞怠，往往前功尽弃。"清早出门头碰檐，黑夜归家矮三寸。"亦是刮泥淋卤时盐民繁重劳作的写照。

（3）滩晒：中华人民共和国成立后，党和政府领导盐民积极探索制卤制盐工艺改革。1952年，泥峙盐民刘景昌试验小型泥蒸发淡卤成功。1954年8月，衢山施盛荣互助组建成海水蒸发池，一昼夜提高2.9波美度，此为滩晒之雏形。受此启迪，人们逐渐形成直接由海水蒸发制卤的设想。1958年10月，试验流枝滩投产。经几年实施，其效益较为明显，但投资很大，又易受台风侵袭而损失，后改成平滩制卤。继制卤工艺改革，又将板晒制盐渐次改为沥青滩、缸砖滩、黑色塑料薄膜结晶滩制盐。

2. "二权分离"经营机制和"联产、联质、联基本建设"的生产承包责任制

1983年，岱山县委借鉴农村体制改革承包责任制的经验，在岱东乡率先进行盐业体制改革。经协调，当时的岱东等三乡建立了全县第一个村村联办的盐田——双峰盐场。新的经营承包责任制首次明确了盐场所有权属村集体所有，经营权归属盐场，实施"二权分离"经营新机制，并采用"联产、联质、联基本建设"的生产承包责任制形式，使盐场成为自主经营、自负盈亏的专业化、企业化盐场。这一新的经营模式极大地调动了盐民的盐业生产的积极性，广大盐民从此以盐滩为家，一心扑在盐滩上，全身心投入到盐业生产之中，大搞盐田基本建设，原盐亩产大幅度提高，亩产量由1.5吨提高到了3.0吨，盐民收入随之大幅上升。1984年起，各种形式的专业盐场很快推广普及，包括乡办、乡村联办盐场等。岱山先后组建了岱北盐场、桂花盐场、秀山盐场，以及

渔山盐场等。集体盐场的建立，完善了联产承包责任制，加大了盐业投入，提升了盐业生产管理水平，推动了盐业科技进步。岱山盐业生产进入了一个完全崭新的时代。

（四）语言与象征符号
中国盐业博物馆

中国盐业博物馆建于 2005 年，位于岱山县高亭镇徐福大道 959 号。博物馆占地总面积 5500 平方米，建筑面积 1762 平方米，博物馆建筑造型似洁白的海盐结晶，非常有艺术感。中国盐业博物馆突显盐文化主题，再现盐文化历史，陈展内容丰富。展品内容包括三个部分：一是制盐工艺厅，设计全套的制盐过程，让游客了解制盐的操作工艺；二是盐雕展览厅，以盐为原料制作盐民劳动、斗争、生活的雕塑群；三是制盐劳动资料实物展览厅，陈列从"煎煮""板晒""滩晒"制盐工艺演变中的盐业各种劳动工具和科技应用的文字、图片、实物等。

二、核心基因提取与评价

基于对材料的全面、深入分析,得出本文化元素的核心基因表述为:"色白、粒细、速溶的贡盐品质""坚忍、勤劳的制盐人精神""'二权分离'经营机制和'联产、联质、联基本建设'的生产承包责任制"。

岱山贡盐故事核心文化基因评价依据

评价项目	评价因子	评价依据(特点)	是否
生命力评价	文化基因存续的时间	自出现起延续至今,未曾明显中断	√
		自出现起延续至今,但多次衰微、中断后复兴	
		曾明显衰败,改革开放后开始复兴或历史溯源关键环节缺失,难以考证	
		文化形态主体已灭失,现存部分痕迹	
	文化基因的稳定性	在发展过程中保持相当稳定的状态	√
		在发展过程中存在明显的精神内涵、表现形式剧变	
凝聚力评价	文化基因的凝聚力及社会动员效果	曾广泛凝聚起区域群体的力量,显著推动过社会经济文化的发展	√
		曾部分凝聚起区域群体力量,对社会经济文化的发展产生过影响	
		凝聚过力量,创造过实际的发展动能,但未见对社会经济文化发展产生显著改变	

续表

评价项目	评价因子	评价依据（特点）	是否
凝聚力评价		仅在历史文献或口耳相传中存在，未见实际介入社会经济发展	
影响力评价	辐射的范围	具有全国性、世界性的影响力	
		具有长三角区域、浙江省影响力	√
		具有市县、乡镇影响力	
	提炼的高度	已经被古代文人士大夫和（或）当代学者提炼为精神符号和理念理论	√
		单纯的样式、造型、工艺技术规范	
发展力评价	与当代精神追求和价值观念的契合	传统文化基因得到创造性转化、创新性发展；区域革命文化基因被完整继承、广泛弘扬；区域社会主义先进文化基因成为与浙江"三个地"相适应的文化高地	√
		部分转化、部分弘扬、部分发展	
		难以转化、难以弘扬、难以发展	

说明：基因特点评价是对解码出来的基因，根据本《导则》表2的要求，围绕"四个力"逐一对表打"√"，进行定性表述

（一）生命力评价

岱山素有"渔盐之利、舟楫之便"之谓，晒盐历史始于唐朝，至今已有1200多年的历史，宋朝时被列为"贡盐"。在历史长河中，岱山贡盐能够得以传承发展，离不开它的优越品质以及这品质背后制盐人的辛勤付出，因此"色白、粒细、速溶的贡盐品质""坚忍、勤劳的制盐人精神"是岱山贡盐的文化基因，生命力强大。中华人民共和国成立以后，"'二权分离'经营机制和'联产、联质、联基本建设'的生产承包责任制"赋予了岱山贡盐第二次生命，使其获得空前发展，因此，这两大因素也是岱山贡盐的文化基因。

（二）凝聚力评价

岱山盐业历来是岱山县群众重要的就业谋生之道，是盐民赖以生存的产业。改革开放前期，岱山有盐田生产面积40000余亩，直接从事盐业生产人员5000余人，涉盐人口达5万多人。盐业是村级经济、县级财政收入的主要来源，为全县经济、社会、民生改善作出了重要贡献。当时各乡镇的学校大多以盐业命名。综上所述，盐业作为全县传统产业、基础产业，成为地方经济、社会事业发展的重要支撑。因此，岱山贡盐能够广泛凝聚起区域群体的力量，推动社会经济文化的发展。

（三）影响力评价

岱山拥有盐田2.1万亩，总产量近10万吨，占浙江省海盐产量的65%以上，是浙江第一产盐大县。南宋时期，岱盐以色白、粒细、速溶的品质而成为贡盐，每年要进贡一定数量特优盐供皇帝与京官享用。因此，自古至今，岱山的盐业在全省乃至全国有很强的影响力。

（四）发展力评价

"色白、粒细、速溶的贡盐品质""坚忍、勤劳的制盐人精神""'二权分离'经营机制和'联产、联质、联基本建设'的生产承包责任制"与当代精神追求和价值观念相契合，能够较好地转化、弘扬、发展。

三、核心基因保存

"色白、粒细、速溶的贡盐品质""坚忍、勤劳的制盐人精神""'二权分离'经营机制和'联产、联质、联基本建设'的生产承包责任制"作为岱山贡盐故事的核心基因,文字资料保存在《岱山县盐业志》及岱山县政府网·风景篇等,实物材料保存在中国盐业博物馆。

蓬莱十景诗

东海蓬莱　岱山文化基因

蓬莱十景诗

岱山县位于浙江省东北部,舟山群岛中部,古称"蓬莱"。据民国《岱山镇志》载,"岱山在秦汉以前,草昧未开,书缺有间,迄无可考。……本以乡名,自唐以来即称为蓬莱乡"。

岱山县境内有406个岛屿的面积在500平方米以上,自古以来就有"蓬莱十景"之说。这十景是"蒲门晓日""石壁残照""南浦归帆""石桥春涨""鱼山蜃楼""横街鱼市""衢港渔灯""竹峙(一作"屿")怒涛""白峰积雪""鹿栏晴沙",是岱山文学作品描述刻画的重要对象。

1. 蒲门晓日

此景位于岱山岛东南角大、小蒲门村,旧为蒲门港,是观赏海上日出的好地方。每当清晨,从这里东望茫茫沧海,天际开始泛白，随着旭日东升，天际渐红渐亮，大海亦由黑暗变得光亮起来，景色自然十分壮美。据传，最早在此观日的是吴王夫差驻蒲门村的士兵，他们为伺机攻打越国，每天清晨练兵习武，因而常在此观日。久而久之，传遍全岛，遂有"蒲门晓日"之景点了。

2. 石壁残照

此景位于岱山岛西侧双合村。这原是两座孤岛，名南洞山、北洞山，后因地壳运动、海面升降，两岛遂合并成一岛。此岛盛产石头，其质细而坚韧，是磨制或刻碑的好原料。石壁之景，现存50多处，奇形怪状，千姿百态，有雄伟挺拔的石碑、石壁，有色彩缤纷的石帘、石幔，也有清澈见底的石池、石潭。游人若站在洞口俯视，但见水碧潭清；若从洞底仰望洞顶，又见峭壁浮云，别有洞天。

3. 白峰积雪

此景位于岱山岛磨心山山顶。对于平素从不见雪峰的海岛渔夫来说，能偶尔见到一次雪景，是十分难得的。而高260余米的磨心山，往往能在冬季积雪，成为一奇。

4. 鹿栏晴沙

此景位于岱山岛东北部的鹿栏山下，为质地洁净、细软的沙滩。沙滩南北长3600余米，宽150多米，是舟山群岛诸岛沙滩中最大的一片。此沙滩三面环翠，中间临海，浪平流缓，适宜游泳。据称，站在此沙滩上，透过鸡冠礁，可望日月并存，海光山色兼备，别有情趣。清代诗人刘梦兰曾

赋诗赞曰：

一带平沙绕海隅，
鹿栏山小亦名区。
好将白地光明锦，
写出潇湘落雁图。

在鹿栏晴沙景点之东侧，又有一处300多米长的小沙滩，周围山峰环绕，林木茂密，环境幽静，已被开辟为海水浴场。

5. 海豚拜江

此景目在岱山大、小竹屿海域。民国《岱山镇志》载："竹峙港又称竹屿。"每逢7、8、9月，从竹屿到岱山的水道中，常常可见到海豚结队成群，游来游去，还不时跃出海面，扬身再入海水之中，形若拜江，故人称"海豚拜江"。尤当游船经过，极具智慧的海豚还常追随船尾，逐浪戏闹，情趣别样。古有"竹峙（屿）怒涛"之景目。

6. 鲸山游涂

每逢中秋节过后，成群结队的鲸从黄大洋浩浩荡荡地闯入岱山水道，又沿岱山水道北上直达岱衢洋面。鲸群来临时，登上西鹤嘴的天灯山，从高处俯视海面，只见鲸群追逐嬉闹，还不时喷出数丈高的水柱，甚至有群鲸齐喷水柱的情景。那别致的场面，宛若巨大的喷泉在喷水，让人领略自然界的奇观。鲸一般生活在外洋，东海一带海域并不多见，能见到这样的鲸成群的现象是十分难得的。

7. 刑马碛

据民国《岱山镇志》载，隋朝虎贲郎将陈稜和朝请大夫张镇周远征流求，都经岱山鹿栏山下引兵渡海，并在泥螺山设刑马碛，杀马祭天七昼夜。两将军随即赴流求杀敌。岱山渔夫们为了纪念他们，特地修建了"陈将军庙""镇英庙"等。留下古迹，供现代人追溯历史之沧桑。

8. 燕窝石笋

燕窝山上的海上石笋，其实是海中礁石，经海潮长久地冲刷、风化，演变而成。登临燕窝山顶，只见海潮起伏中，石笋忽高忽低，随波隐现，动中有静，静中有动，情景十分生动。另外，在燕窝山的礁石丛中、海滩边，可以随手拾到五颜六色的鹅卵石，玲珑剔透，光滑可爱，拾之可留作纪念。

9. 慈云庵、超果寺

慈云庵位于磨心山顶南，始建于

清乾隆年间，距今已有200余年的历史。后又在嘉庆和道光年间重修和扩建。超果寺在岱山本岛磨心岭西南山麓，始建于五代。明倭寇入侵时被毁，清代又重建。至今，超果寺内有天王殿、山门等保存较完好。超果寺是舟山最古老的寺院建筑，也是海上著名的四大寺庙之一。它与普陀山的法雨寺、普济寺和慧济寺齐名。

10. 海上千岛湖

从岱山岛的磨心山之望海亭鸟瞰四周海域和舟山群岛，千岛星罗棋布的壮观景色，尽收眼底。登高临海眺望，只见海天苍苍、浩渺无际、渔帆点点、波光粼粼，不禁让人疑为仙境。这构成了一幅神奇的海上千岛湖图画。

此外，在岱山岛周边还有不少旅游景点。比较著名的有长涂山岛，现已有人工岸堤将之与岱山本岛相连起来。长涂山岛上，有著名的西鹤嘴灯塔、传灯庵、对虾鱼塘、长堤礁岸、住地娘基宫、倭潭遗址等景点。

蓬莱十景诗，是歌咏岱山岛十处景点的诗。蓬莱十景诗写得最早、最出色的，应数生活在清代嘉庆、道光年间的贡生刘梦兰。由此推算，蓬莱十景的产生，距今已有约200年了。这些诗篇描绘了朝阳欲出的清晨、风光旖旎的平滩、飞红阵阵的暮春、白雪迷蒙的初冬，还有挈鱼换酒的渔翁、前来送行的友朋情侣、夜吹凤箫的离愁客、描绘"潇湘落雁图"的画师和悠闲的隐士、品茗的雅客等。择几首供读者品赏：

蒲门晓日

啼断朝鸡曙色明，
早潮生处日俱生。
不须远驾秦皇石，
来看扶桑万里程。

石壁残照

石壁屏颜影倒横，
夕阳闪闪十分明。
若教移入天台郡，
霞彩何曾让赤城。

鱼山蜃楼

大小鱼山气吐银，
惯看楼阁起鳞鳞。
岛间时有乘槎客，
未许凭栏一问津。

横街鱼市

丁沽港口海船回，
小市横街趁晚开。
狂脱蓑衣寻野店，
挈鱼换酒醉翁来。

衢港渔灯

无数渔船一港收，
渔灯点点漾中流。
九天星斗三更落，
照遍珊瑚海上洲。

竹峙怒涛

不关风起亦生涛，
夕汐朝潮势怒号。
十八浪中帆侧过，
回头犹见雪山高。

白峰积雪

水村话尽话山村，
别有三冬积雪痕。
行到玉山真朗朗，
众峰还让一峰尊。

鹿栏晴沙

一带平沙绕海隅，
鹿栏山小亦名区。
好将白地光明锦，
写出潇湘落雁图。

一、要素分解

（一）物质要素

1. 风光优美的岱山港

刘梦兰在《南浦归帆》中写道："南浦湾环水一汀，野航多在此间停。归来稳泊芦花岸，舵尾茶烟逗月青。"悠闲自在、美好宁静的画面就此呈现。此外，还有《石桥春涨》，诗曰："一字街头古石桥，桥边春水泊轻桡。浪花泛处桃花落，点点飞红送暮潮。"暮春飞红阵阵，生机盎然，都是蓬莱的美好风光。

2. 港内热闹的鱼市环境

刘梦兰《衢港渔灯》《横街鱼市》两首诗是蓬莱十景诗中相当生动形象的诗篇，描写了岱衢洋大黄鱼汛捕捞和销售的场景，彼时无数渔船聚集在岱山渔港，无数人辐辏在市集，热闹非凡。

3. 神异壮观的自然景观

刘梦兰《蒲门晓日》《鱼山蜃楼》《竹屿怒涛》分别描写了生机勃勃的东海日出、奇妙神异的鱼山蜃楼，还有气势十足的竹屿怒涛。这些自然景观都是如此神奇壮观，使人心生向往。

（二）精神要素

1. 对海洋海岛风光的热爱之情

蓬莱十景诗中，有朝阳欲出的清晨，有风光旖旎的平滩，有飞红阵阵的暮春，有白雪迷蒙的初冬，处处体现出诗人对海岛风光细致入微的观察和热爱留恋之情。

2. 真实、朴质的生活情趣

在《衢港渔灯》与《横街鱼市》两首诗中，诗人刘梦兰真实地描绘了大黄鱼汛捕捞和商贸的壮观场景，细腻自然地表现了当地渔民对丰收的喜悦和挈鱼换酒的生活情趣。

（三）制度要素

情景交融、寓情于景的写作手法

蓬莱十景诗中有渔翁、友朋、离愁客、画师、隐士、雅客等等，诗人将友情、离愁、日常生活趣味等丰富的情感都寓于景中，以情景交融的写作手法展现了海岛风景之美，抒发了内心情感。

（四）语言与象征符号

蓬莱十景

蓬莱十景指的是"蒲门晓日""石壁残照""南浦归帆""石桥春涨""鱼山蜃楼""横街鱼市""衢港渔灯""竹峙（一作'屿'）怒涛""白峰积雪""鹿栏晴沙"。

二、核心基因提取与评价

基于对材料的全面、深入分析，得出本文化元素的核心基因表述为："对海洋海岛风光的热爱之情""真实、朴质的生活情趣"。

蓬莱十景诗核心文化基因评价依据

评价项目	评价因子	评价依据（特点）	是否
生命力评价	文化基因存续的时间	自出现起延续至今，未曾明显中断	√
		自出现起延续至今，但多次衰微、中断后复兴	
		曾明显衰败，改革开放后开始复兴或历史溯源关键环节缺失，难以考证	
		文化形态主体已灭失，现存部分痕迹	
	文化基因的稳定性	在发展过程中保持相当稳定的状态	√
		在发展过程中存在明显的精神内涵、表现形式剧变	
凝聚力评价	文化基因的凝聚力及社会动员效果	曾广泛凝聚起区域群体的力量，显著推动过社会经济文化的发展	√
		曾部分凝聚起区域群体力量，对社会经济文化的发展产生过影响	
		凝聚过力量，创造过实际的发展动能，但未见对社会经济文化发展产生显著改变	
		仅在历史文献或口耳相传中存在，未见实际介入社会经济发展	

续表

评价项目	评价因子	评价依据（特点）	是否
影响力评价	辐射的范围	具有全国性、世界性的影响力	
		具有长三角区域、浙江省影响力	
		具有市县、乡镇影响力	√
	提炼的高度	已经被古代文人士大夫和（或）当代学者提炼为精神符号和理念理论	
		单纯的样式、造型、工艺技术规范	√
发展力评价	与当代精神追求和价值观念的契合	传统文化基因得到创造性转化、创新性发展；区域革命文化基因被完整继承、广泛弘扬；区域社会主义先进文化基因成为与浙江"三个地"相适应的文化高地	
		部分转化、部分弘扬、部分发展	√
		难以转化、难以弘扬、难以发展	

说明：基因特点评价是对解码出来的基因，根据本《导则》表2的要求，围绕"四个力"逐一对表打"√"，进行定性表述

（一）生命力评价

蓬莱十景诗写得最早、最出色的，应数贡生刘梦兰。他生活在清代嘉庆、道光年间，由此推算，蓬莱十景的产生，距今已有约200年了。这些年来，他的优美诗篇一直影响着当地百姓的生活和发展。因此"对海洋海岛风光的热爱之情""真实、朴质的生活情趣"文化基因延续至今未曾明显中断，文化基因形态保持稳定。

（二）凝聚力评价

岱山县境内，面积超过500平方米的岛屿共有406个。自古以来，岱山就有"蓬莱十景"之说。自唐开元年始至民国初期，它基本上称"蓬莱乡"（其间稍有废复），素有"蓬莱

仙岛"的美誉，被民间传为神仙居住的地方，充满人们对仙乡的向往。因此，"对海洋海岛风光的热爱之情""真实、朴质的生活情趣"的文化基因能够广泛凝聚起区域群体的力量，推动社会经济文化的发展。

（三）影响力评价

独特的地理、气候条件赋予岱山壮丽的自然风光。十景诗中，有朝阳欲出的清晨，有风光旖旎的平滩，有飞红阵阵的暮春，有白雪迷蒙的初冬，处处都体现出人们真实、朴质的生活情趣和对海洋海岛的热爱之情。因地制宜发展起来的海洋运输业、捕捞业孕育了岱山独特的文化习俗。因此，其文化基因"对海洋海岛风光的热爱之情""真实、朴质的生活情趣"对市县、乡镇都产生了很大的影响力。

（四）发展力评价

"对海洋海岛风光的热爱之情""真实、朴质的生活情趣"与当代精神追求和价值观念相契合，能够较好地转化、弘扬、发展。岱山风光宜人，自古以来就被誉为"蓬莱仙岛"，不少文人墨客为之赋诗题留。在刘梦兰的《蓬莱十景》创作约200年后的今天，岱山文旅业日新月异、欣欣向荣。近年来，岱山以打造"长三角著名的海上休闲度假基地"为目标，着力整合海洋旅游资源，开发特色旅游产品，加快建设海洋休闲度假基地、海洋文化基地、海岛旅游观光基地等，使蓬莱十景的文化基因在当代得以传承、弘扬、发展。

三、核心基因保存

"对海洋海岛风光的热爱之情""真实、朴质的生活情趣"作为蓬莱十景诗的核心文化基因,文字材料保存在民国《岱山镇志》、《岱山县志》(1994年版)等,实物材料保存有磨心山古道等,位于浙江省舟山市岱山县高亭镇。

岱山渔家习俗

东海蓬莱　岱山文化基因

岱山渔家习俗

世世代代的岱山渔民在依靠海洋生活中形成了独具一格、丰富多彩的渔家习俗。这些习俗深植于民众生产生活中，其参与性之广、影响之大、延续历史之长，在岱山所处的舟山群岛乃至我国东部沿海诸多渔家习俗中都极具代表性。

生产习俗

造船是渔民重要的生产习俗。渔家称船为"木龙"，故对造船非常讲究。旧时，渔民造船是一件很隆重的事情，须择吉日良辰祭神，才能破木动工。新船梁头（龙骨）定位时要挂红披彩，水舱梁头合拢处，要内衬银元（龙洋）或银角子，且要"皇朝"通宝字样，并用银钉钉上，俗称"船魂灵"。

（1）设置圣堂舱。圣堂舱是置于渔船后舱的一个专供"船关老爷"（海神）的神龛，当渔船开洋、拢洋时，要按严格的规矩供祭。

（2）安装船眼睛。渔船被称为"木龙"，故有龙眼。它由硬木制成，半圆形向外凸出，周边用白漆涂上底色，中间呈黑色即眼珠。眼后衬入银元，用五色彩带扎于银钉上，就此形成造船的最后一道工序——安装船眼睛，俗称"定彩"。

（3）船饰习惯。在渔船的后栏板上的彩色油漆间，写上"海不扬波"等横幅，意为船在海上航行时能平风息浪。船体其他部位的饰画，也都五彩缤纷。

（4）插旗习惯。船上必须插旗，用彩色丝绒的龙旗、鳌鱼旗，或是从佛教圣地普陀山请来的令旗，或是本地寺庙请来的三角形杏黄色令旗，也可以是绣有"顺风得利"的旗帜。顺风得利就是插旗的根本目的。

（5）新船下水。新船下水时，须事先邀请几十名身强力壮的帮工，在船身披红戴绿，周围敲锣打鼓，在鞭炮齐鸣的氛围中，将船徐徐推入海中，名为"赴水"（谐音"富庶"），意求吉利。赴水时，船主（老大或长元）要站在船头上，先向木工（大木）师傅送馒头，继而将馒头抛向在场围观者，叫作"新船下水抛馒头"。

祭海习俗

（1）船员俗称。渔船上人员，按照生产程序，各有明确分工。大捕船上有老大、头手、扳桨、三计、伙将团等；对网船上有老大、多人、出网、出袋、拖下纲、扳二桨、扳三桨、拔头片、伙将团等；溜网船上有老大、戤舵（副老大）、伙计、伙将团等。无论哪种作业船型，老大都是一船之主，他可在船上发号施令，指挥一切。

（2）生产汛期俗称。一年四季可分春、夏、秋、冬四个汛期，分别俗称为"旺风""洋生""抲秋""抲冬"。

近洋张网，旧时习惯分为春、秋、冬三个汛期，叫作"四个月半张春，四个月半张冬，三个月张秋"。近几十年来，张网作业亦改为张春、张夏、张秋、张冬四个汛期。

（3）渔具俗称。渔船上各种工具和部件，都有习惯的称谓，如：称帆为"篷"；用来扯篷的木柱称"桅"，桅顶上挂的小旗，用以测定风向，形似游鱼，俗称"鳌鱼旗"；桅顶上挂着用作夜航信号的红色哨灯，俗称"桅灯"。

船上的其他工具和部件，用十二生肖套称，如：用以固定桅杆的插销称"老鼠伏"，穿连篷帆与缭绳的滑轮称"篷纽（牛）子"，船头轧锚缉的插销称"老虎轧"，桅杆下堆放篷索的舱面称"土（兔）地堂"，船头上两块翘形木板称"龙桠头"，连接篷帆于撑风的活络竹圈称"蛇蜕壳"，横放桅杆用的木架子称"马鞍子"，固定风帆方向的插销称"羊角伏"，老大掌舵的舱面称"后（猴）八尺"，舵杆露出水面的部位称"雄鸡头"，升降篷帆的滑轮称"钩（狗）螺"，摇橹的木柱子称"橹乌嘴（猪）"。锚（十二生肖之外的猫），挂于船头外。这些俗称，既富有民俗情趣，又便于传播。

（4）船上吃饭规矩。开饭时，先要用筷子拣几粒米饭撒向海中，敬献海神，称"结缘"。吃饭时，老大应坐铺位正中，伙将团坐在地栏上，其他人坐四周。竹筷不准搁在碗上（意谓船坏停产）。酒标和羹匙不可反向（意谓翻船）。吃鱼要先吃头（意谓一头风顺）。碗中的鱼不可翻身（意谓翻船）。

（5）语言忌讳。渔民须处处忌讳不吉利的话，在船上更应注意。不许说"碰石岩""碰秃横（石崖）"（意谓驶船不顺），对一些不吉利的谐音、土话必须改个说法。如："猪"与"输"谐音，改称猪头为"利市头"、猪耳朵叫"顺风耳"；"石""舌"与"蚀"谐音，石浦（地名）叫"赚浦"，舌头叫"赚头"，食罩叫"赚罩"；鸡与"欠"谐音，鸡骨礁叫"鸭骨礁"，鸡娘礁叫"老鸭礁"；"梦"与"网"谐音，故做乱梦叫"聊天"（意谓避"乱网"逃鱼）。

（6）船上忌讳。不许双脚荡出船舷外，以免"水鬼拖脚"。不许头搁膝盖，手捧双脚，姿势像哭，视为不吉利。不许在船上吹口哨，以免"招风引浪"。不许拍手，拍手意味"两手空空，无鱼可捯"。不许在"龙头"（船头）下撒尿拉屎，只能到"后八尺"的"三品口"。不许船靠岸时高喊"来了""到了"之类的话,以免引"海鬼"上岸。不许让家有红、白之事(红指添丁、白为殡丧)未满月的人下船。不许他船旅客或渔民挈猪肉串船。尽量不让妇女上渔船,尤忌妇女跨越"龙头",意冲犯船神。不许七男一女同船过渡,因有"八仙大闹龙宫"之传说,偶尔八人既成事实,可故意说"现在船上有九人了",另一个指的是"船关老爷",以此解忌。每季首次出海,避开农历初八和廿三,因有"初八、廿三,神仙出门也要背空篮"之说。

(7)习惯用语。渔船出海叫"开洋",渔汛结束叫"谢洋"。渔船集中捕捞地叫"洋地",许多渔船集中在一起生产叫"旺帮"。鱼发面积小叫"鸡屙摊"。鱼捕不多叫"老口"。船在洋地抛锚叫"站潮"。鱼多网破叫"爆网"。"对船"生产时,偎船将曳纲抛向网船叫"带偎"(又称"兜偎")。渔场的底质地貌叫"苔地"。因冷空气影响而出现大风叫"打暴"。渔船在洋地生产,来不及避风而被漂走叫"走暴"。刮台风叫"做风水"。渔船遇到不可抗拒的大风而放倒大桅、悬锚悬网叫"挑稳船身";随波逐流,

顺水漂泊叫"落拱"。渔船在两个岛屿之间生产的位置叫"挑担"。冬、春两汛连续生产的叫"长船",只扪春汛的叫"短船"(又叫"春船")。渔船航行途中,正前方看到的两个岛屿的空隙处叫"亮门",三个岛屿间的两个空隙处叫"三亮门"。船上临时腌制鱼货叫"抄卤",不经冰浇灌或加工就直接出售的鱼货叫"白鲜"。黄鱼、鳗鱼等大的鱼类的干制品叫"鲞";鱼鲞因靠日光晒成,故叫"晒鲞"。小型原条鱼的干制品统叫"鲚头",如虾潺干叫"龙头鲚",梅童鱼干叫"梅子鲚"。竹筷叫"撑篙",羹匙叫"掏篰",菜桶叫"羹搭"。

海上遇意外习俗

(1)给巨鱼引路。在海上遇到大鲨鱼、鲸(哺乳动物,俗称鲸鱼)等,渔民就口中念念有词,向大海祷告,同时向大海撒米,将三角小旗抛入海中。其意是巨鱼赴考途中迷路,浮出水面前来问讯。上述之举,实则为避免巨鱼掀浪翻船。

(2)肮脏浪。该浪又称"恶浪"。遇到这种情况,渔民亦要向海里撒去大把大把的大米,意解"海开口,鬼

讨食"的困境，以求和。

（3）抢救捞尸。渔船在海上遇险，周围渔船都应去救护。有人落水，不论何方人氏，都当救不辞。如遇浮尸，若是仰面女尸，不要急于去捞，等海浪将其翻身后才可捞；若是伏浮男尸，也不能捞，等海浪将其翻身后可捞。捞尸时要用镶边篷布蒙住船眼睛，以避邪气。捞尸叫"拾元宝"，以讨吉兆。无主尸应运回陆地埋葬，葬地多集中一处，叫"义冢地"。

（4）海损求救。在海上发生船触礁或船漏等事故，遇难者可在船头显眼处倒插扫帚，再在桅顶挂起破衣；若是晚上，则点燃火把，敲打脸盆铁锅等，以此求救。其他船只闻此信号，即须全力救援，先抛缆绳救人，后带缆拖船。

渔民生活习俗

（1）饮食习惯。①饮酒：渔民与酒有不解之缘，每次出海总要带上一定数量的黄酒或白酒。生产过后疲劳了要喝酒，天寒了要喝酒，高兴时要喝酒，烦恼时要喝酒，想妻子、儿女、老人时要喝酒，等等。②主食：鱼捕得好时，就吃木片火烧的干饭；鱼捕得少时，只好吃烤番薯或番薯干煮粗米饭，甚至喝薯干汤。③小菜：以自捕鱼类为主，如大小黄鱼、带鱼、鲳鱼、鳓鱼、抢蟹、蟹糊、海蜇及多种咸鱼、糟鱼。为调剂口味，还吃清烤毛芋艿、苋菜股、咸菜汤、香干、油豆腐、酱豆腐等素菜。④滋补：渔民终年漂泊在海上，经受风吹雨淋，总要想方设法适当补补身体。尤其是旺季渔汛开始，吃一些黄酒浸乌枣、芝麻拌核桃肉、黄糖黄酒煮鸡蛋等。夏汛时，常拣最新鲜的大黄鱼煮黄糖黄酒，俗称"酒淘黄鱼"；冬至节后，改用黄鱼胶和全鸡或猪肉加黄酒，俗称"酒淘鱼胶""酒淘鸡肉""酒淘猪肉"。

（2）居住习惯。过去，渔家生活贫苦，加上海岛风大、雾多、潮气重，故住房多以乱石墙草屋为多，屋顶盖旧渔网，并拉旧麻绳落地绑在石柱上，以防大风揭顶；屋架、梁柱大都采用张网旧竹，经海水浸泡不易虫蛀。传统渔家之屋，总体特征为外形低矮、屋檐短、窗户小。中华人民共和国成立后，渔民生活水平有了改善，因而渔区普遍风行建造钢筋水泥结构的平房或楼房，居住条件大有改变。渔岛人客居亲友家，不可夫妻同居，甚至女婿女儿住在丈母家亦有如此规矩。此俗现今有改变。

（3）服饰习惯。渔民习惯穿大襟布衫，外罩背单，冬罩棉背单，春秋穿夹背单，夏穿"领郎"（形似单背单）。冬季风行玄色大棉袄，下身是长大裤罩薄棉裤，他们尤爱穿棕色栲布衣加宽大的笼裤（又称"龙裤"）。渔妇服饰三大件：头巾、布裥、横襟衫。老妇喜戴黑、白头巾，年轻的喜戴花头巾。布裥是渔妇必备之物，既适用于家务劳作又便于拣虾、晒鲞操作，还具有保暖、遮尘、盛器物等多种功能。横襟衫有男女式样之别。其优点是在劳作时不易被钩扎。据传，宋高宗赐封昌国"新婚女子三日王"，因此，岱山渔家姑娘出嫁时戴凤冠，披霞帔，铺红毡，乘花轿，吹吹打打，喜庆三日。渔家儿童服饰，有狗头帽、虎头鞋、红肚兜，尤其是满月、过节、过年时要穿。

渔家风情

（1）渔民爱好。由于海上生活单调，故渔船靠岸休息时，渔民们亦喜欢聊天，听故事，听走书，听盲人说唱新闻，爱看越剧、木偶戏演出和杂技表演，喜听"小热昏"卖糖（海上人易受风寒，伤风、咳嗽多，他们常买既味道好又能治疗咳嗽的百草梨膏糖）。

（2）特色婚礼习俗。海岛上的"公鸡陪房，小姑拜堂"，乃是海洋环境所致的婚礼上的奇特习俗。按照岛上习俗，婚期一经确定，不能更改。有时，由于海上天气突变，婚期无法如约，新郎不能如期参加婚礼，在无奈的情况下，只得请新郎之妹代兄拜堂，拜堂毕，由小姑手捧一只公鸡送入洞房。如此奇特的婚礼，是在海岛特定的环境中产生的，并打上时代的烙印和区域的标记。

（3）彩船充花轿。渔岛与渔岛对亲，在结婚那天，照理必定用花轿把新娘抬到夫家。但那时限于经济、交通等条件，花轿过岛比较困难，只好把小渡船装扮成简易花轿，聘请数名爱好古乐器的人吹吹打打，把新娘送过渡口，然后步行到新郎家拜堂。

香烟或焚香、燃烛所耗的时间，来推断航程中的那个山头，但要把握正确的航向，最好找出隐藏在身上的虱子来证明。据说，它始终朝正北方向爬行，即使在它面前设置水、火等障碍，也会绕道再向北爬行。

渔家异俗

（1）玉鳗珍用。数百年来，海岛在重要祭祀中，少不了一碗新鲜玉鳗，可是它的产量特低，且价格又贵。旧时，贫苦人家居多，无力多买此鱼，只好把"谢年"供过的红烧玉鳗藏到年三十做羹饭，然后再藏至清明节祭祖。幸好那段时间天气较为寒冷，但"谢年"至清明节时隔三个月左右，要保存好这碗鱼，确有很大难度，因而时有淡蓝色霉迹出现，于是只好将霉迹清除，放在饭锅里蒸一蒸，然后让其结冻，且放到阴凉处保存，就这样艰难地完成供祭任务。这一习惯相沿久远。

（2）虱子定向。渔船在航行中，必须随时辨别航向。最早，常以"看山头"为主，后来可观灯塔闪光，以看"向盘"（指南针）为准，一旦向盘失灵又遇浓雾，那只好以吸老烟、

抬"姑娘"

农历正月十三或十四那天晚上，由两位有爹娘的姑娘（必须要有一未婚女子出面去请，但因为要与仙姑交往，所以必须是成熟稳重的，否则请不动仙姑）准备供品、香烛之类的东西，大人准备好花轿。所谓的花轿，实际上是一只淘米筲箕。准备一只祭祀用的红色木盘，把淘米筲箕覆在上面，一边插上一根竹篾，将淘米筲箕搁起，竹篾旁插一支香，就成了一顶花轿。姑娘摆上"花轿"，说几句好话，然后抬着"姑娘"到家，摆在灶前的桌子上，桌子前面散上面粉，灶上供上香烛、茶果。

两位有爹娘的姑娘抬淘米筲箕时，最主要的是要讲究方法：两个人在"花轿"左右两边各伸出食指钩住淘米筲箕，要注意力度，不能把淘米筲箕抓得太紧，以便仙姑做活动指示，然后

可以诚心占卜了。

如果观者心里怀疑，千万不要说出口，否则会不灵验的。这样，整屋子的女性老人、年轻人，要问的全问好。最后，还要虔诚地把仙姑送回原处。

迎神赛会

迎神赛会，在百年前，是我国大多数地方的习俗，也是江南一带兴行的传统习俗之一。每逢神的诞生日，或在风调雨顺之年，处处可见结社集会举行庙会社祭活动。迎神赛会即指神明视察民情之时，民间汇集各类艺术形式统一巡游赛演。

岱山的迎神赛会，约始于清乾隆前期（1750年前后），终于民国二十六年（1937），前后相继180多年。这是一项集祭神和娱乐于一体，熔各种表演艺术和造型艺术于一炉的有组织、有计划的社会性活动。其规模之宏大、组织之周密、内容之丰富、影响之深广，足以反映当时岱山经济、文化和社会发展之盛况，还体现了我国"吴文化"的特点。

旗类形式

（1）大旗。当地出会，以八卦旗为大会会旗。旗有六丈见方，用八匹杭纺制成，中间绣八卦图案，以长毛竹为竿，旗顶用金属搭标击铃，用四根"样索"，四枝柱竿，两人胸挂皮套，协扶而行，旗子迎风飘扬，远远望之，威武壮观至极。此种大旗，会中尚有多面，有五色旗、九色旗、龙凤旗、雄狮旗等。掌旗会友，必须由年富力壮者来完成。

（2）五彩旗，呈三角形或方形，用绸布制成，旗头搭枪、飘带，以竹为竿。一人一扇，负之而行，迎风飘展，五彩缤纷，远望亦颇美观。但此种旗帜以多为胜，一队起码三四十扇，七八十扇为宜。

（3）头旗，亦叫大纛旗，乡人俗称之"大肚"。此种旗阔约四尺，长约六尺，边镶蜈蚣爪图案，旗头搭枪结彩，花球彩带用金线绣成，一人手戴皮套扶持前进，后用四根撑竿，较

之舞台上的大纛旗实是大得多了。

（4）门枪旗。其形状与大纛旗相同，不过一长一短，一阔一狭。门枪旗长约二丈，阔约二尺，以竹片为筋，串搭旗杆，用"样索"撑竿，扶持而行，实有八面威风之概。小型的门枪旗俗称"蜈蚣旗"，以多为胜。

（5）令旗，以三角形居多，为各会社带头开路旗，故会社都配有这种旗帜，看起来很壮观。

（6）打彩旗，为会社中最普遍使用的长方形水旗，用以维护秩序，指挥队伍，色彩以鲜明为主。

灯类形式

（1）连灯，有好几种，大型的俗叫"十八连灯"，用木材做框，长二丈四尺至三丈不等，形如长梯，内分十八级，每级挂一盏灯，顶架结彩装饰，还书写"国泰民安""风调雨顺""五谷丰登"等吉语，左、右各挑灯两盏，亦用"样索"及撑竿，需两人肩负而行。夜间点灯，雄壮美观。掌灯之人须年富力壮。小型的连灯，每连八灯或九灯，一人持之而行，一队几架，灯的颜色花样各有不同，色彩美观，别具一格。

（2）荷花灯，俗叫"荷花铳灯"，用上等锡铸成，一队数十盏，整齐划一，引人欣赏。夜间则换为纸制灯罩，灯光灿烂，尤为美观。掌灯之人，均系十一二岁童子，一律身着锦装绸缎。凡参加掌灯的童子，其父母事先也需要费一番心思。

（3）彩灯。其种类很多，各种彩灯，别具匠心。赛出时一社起码二十四盏，均由孩童执掌，此种彩灯会，尤以夜间最为壮观。

（4）船灯，以竹木为架，用绸或纸扎成，搭牌结彩，做成各种船形，列队赛出，需两人在船内抬之而行，以船帮主办为多。

（5）马灯，也叫宁波马灯，一直以来颇有名气。在会中赛出马灯，马匹多且式样更新颖，沿途还有表演可欣赏。

长龙

龙在会社中因制作材料和所承担的任务不同而大小不等、名称有别。下作略述：

（1）开路老龙。大会社行列，第一条龙，叫开路老龙，因老龙识途，故称"老"，由熟悉路途的柱首引香

领队，会社队伍在途中行进的快慢，由此龙决定，并以头旗为唯一目标。

（2）护身龙。每尊菩萨必须有一条龙护身，俗称"护身龙"。护身龙的特色是色彩，必须与菩萨的神袍颜色相同，且属于坐堂会一分子，随菩萨行止。

（3）珠龙。东沙地区出会，有两条大珠龙在岱山全县闻名。其一为北柱红珠龙，龙长二十四节，龙身直径大约三尺，全身除龙衣由杭缎做成，并以苏绣精工绣镶，龙头至龙尾全用珠串做成，每节彩牌龙鳞，均向苏州定制，五光十色，耀眼生辉。龙头珠牌，直径长达六尺，仅背龙头之人，就必须有十人之多，须用柱竿铁串扶持前进。尤其夜间张灯后，两只龙眼，用干电池发光，各节龙背，红绿明角灯笼，灿若繁星，全身犹如火龙一般，尤为壮观。其二为南柱白老龙，除龙色外，其大小制作，均与北柱红珠龙相似。白老龙的特色是生有红、黄、蓝、白、黑五条小龙，依依绕行于母龙之前，其设计尤擅巧思。珠龙前面还有两面大对锣，锣直径1米，圆锣中心有黑色中空，直径约40厘米。龙前面有两面对锣，二人一齐敲打。在出会时，老百姓一听到对锣声就知道珠龙来了。

（4）旗龙。小龙两条，肚下挂旗锣，故叫旗龙。设用木架两只，各四足下地，足下装轮，可以推之而行，顶披龙衣，昂首跷尾，鬓眉毕张，栩栩如生，以两人敲锣，两人推之而行，为大龙鸣道。

（5）龙灯。以小龙为灯，用竿高擎于会社前。夜间龙腹左、右各挂一盏汽油灯。此种龙灯，多用于高跷之前，是照明设备。

音乐类形式

（1）响器。每一会社前，均配一班响器，以满足行进或表演时伴奏之需，由锣、鼓、镗、钹等六件组成。通常敲打的乐曲以"进行曲""将军令"等为主，表演时则随曲变调，相互配合，有些能手，更能敲出各种曲调，当然皆是经过事先训练，才上场的。

（2）国乐队，即管弦队，由笛、胡、琴、笙、箫及琵琶、三弦等组成。一队十余人，均系平素对国乐有丰富的演奏经验者，沿途细吹细打，奏出各种曲调，其悠扬的节奏扣人心弦。

（3）鼓架，亦名鼓船，船用上等木材雕刻镶嵌精工制成。虎头旗尾，中砌八角亭楼、彩牌灯球，用四人抬之而行，内配鼓手一人，右弦外搭大小锣多面，另有锣手一人，以及敲小响器者两三人，船后围以彩带，后有管弦乐手一班，沿途奏出《梅花三弄》《赵御国》《一江风》《小起班》等名曲。由锣鼓手随调敲出各种节奏，以互相配合，沿途吹打前进。

（4）号筒及喇叭。各会社中常配号手及喇叭手一两人，沿途吹以助兴，如抬阁、高跷会前的长喇叭手，神轿前的小喇叭队等，均能吹出美妙乐音。

（5）西乐队。这是民国以后新兴的会社。乐队由当地会社柱首从上海或宁波雇佣而来，其中男女均有。队员除沿途参加游行外，遇献爵或行至各地宫观里时，则环坐于台上，奏出各种新乐，以供观众娱乐。因其服装及乐器新颖，乡人多以奇异目光视之，倒亦颇能轰动一时。

技艺类形式

（1）大刀队，又称大刀会，队伍成员必须事前经过特别训练，须懂拳术兼谙武器，才能临场。其成员一般是年轻体壮者。其使用武器有刀、枪、矛、镋、叉、钩、槊、环、鞭、铜、棒、杵、棍、盾、剑、索、链、殳等。表演时单技对拆，均要熟练。此种会社，不仅在出会时进行游艺性演出，而且在平时也发扬尚武精神。

（2）高跷。当地出会的高跷分为成人队和儿童队两种，儿童队的高跷高仅五六尺，成人队的高跷有高十尺以上的（俗称"大高跷"），为兼具技术性的艺术形式。他们分别扮演各种戏剧人物，尤其成人高跷，往往能演出惊险镜头，博人观赏。例如"火烧连营寨"一剧，放火者手执火具，沿途放火烧营，扮演之人必须倒行，一面表演，一面行进，绝非易事。

（3）舆马。匹数不拘，有时因马匹缺乏，以牛代替，牛角挂彩。马背上搭一座方形彩亭，其形如轿，故称舆马，俗称"马上加轿"。"轿"中坐孩童或年轻女子，扮成各种戏剧角色。亦有因扮为柱首，为尊敬菩萨，参加行香，用孩子代替舆马的，亦有坐妙龄女子拉琴唱曲，以博得欣赏的。

（4）八仙班。由孩童扮成八仙过海形式，用响器伴奏，前后以门枪旗为队眼，沿途表演各种阵法。

（5）大头班。亦系孩童扮成，头罩大头和尚脸壳，亦有响器伴奏，表演各种短剧，以滑稽为胜。

（6）杂耍。每班由一两个成人组成，有唱道情的，有打凤阳花鼓的，亦有像演唱数来宝的，既歌又舞，唱的大多是吉利讨彩的歌曲，有时也表演相声白话，以耍噱头滑稽为主。

其他形式

（1）抬阁。以木料做一具小型戏台，上搭彩牌，由孩童扮成各种国剧角色，或立或坐，以扮相精巧为胜。最高的座位，则另用铁架搭成，摇摇晃晃，颇引人欣赏。抬阁用八人抬行。民国以后，凡抬阁娘子扮演者，均须能琴善歌。

（2）赤膊小鬼。由清秀孩童二三十人组成，头戴鬼脸盔，身穿棉背心，腰缠双胄，膊亦盛装，手执小伞。其重心在带头的鬼王，另有大小头鬼、牛头马面，以及殿后判官、阎王等，各执应用法器，摇摆前进。

（3）矮凳会。均由四五岁小孩组成，身着盛装古服，各执一张小凳，凳上各插一面国旗或者生肖旗，列队行进，均由大人在旁扶持，中途体力不支时则由大人肩负而行。这种会社，多因父母珍视孩子，希望孩子参加菩萨行列后，从此壮大。菩萨保佑，百病不侵，长命百岁。

（4）罗汉会。由十一二岁孩童扮成，光头戒疤，各着袈裟，外披搭衣，手执法器，带头者手执令旗。由韦驮菩萨扮演者领队，殿后者为一对善财龙女，以及女子扮演的观音大士。全队仪态万千，颇具匠心。

（5）轮船会。岱山东沙念母岙永兴社所出一大轮船，船长八丈，高一丈余，用竹扎架，外糊以纱布，烟囱桅杆一应俱全，打造得惟妙惟肖，内有八人抬之而行。该轮船特色是，两沿由巨炮、炮系竹制成，中间有缺口，用火油灌之，烧燃时用厚纸焖之，即发出巨大炮声（俗称"火油炮"）。沿途鸣放，犹如炮舰。

（6）龙船会。船由木板制成，龙头、龙尾鳞甲斑斑，惟妙惟肖。船中有孩童三十个，作扳桨竞渡状，亦有船中置一响器队，沿途敲打为竞渡助兴者（俗称"龙船"）。

（7）跳蚤会，又名"跳灶会"，系民俗舞蹈，因舞姿如跳蚤和妇女跳到灶上撒尿就能灭火的传说而得名。它的形式是男女对舞，男饰济公，女扮火神（男扮女装，其装为红衣绿裤），意为"济公斗火神"。行会时，他们用粗草绳围成长方形，边舞边唱，唱法似"小热昏"，除原准备的曲调外，能触景生情，见机应唱，吸引围观者。

（8）中山会。亦称革命军会，为北伐战争后新兴会社。全队七八十人，均系孩童。他们扮成海、陆、空三军，每军20人，以国旗军乐为前导，服装整齐。全队荷以木枪，一队又一队"军官"的最后面有一顶彩舆，内挂孙中山先生遗像。沿途，随乐队吹曲，他们高唱军歌，歌声与步伐一致。今已不再流传。

（9）香担。每一会社，均配有香担，亦有用板车的，香担虽亦结彩挂灯，但实际为各会担挑衣服及礼品之用。

（10）醒狮。狮用竹木彩布制成，体积庞大，有人抬之而行，昂首怒目，状极凶猛、威武，出赛均以雌雄相对为准，与小型的舞狮不同，舞狮以表演取胜，醒狮以威武见长。

千百年来，这些习俗代代相传，呈现出古老、纯朴的原生态文化风貌，展示着岱山独特的传统文化与深厚的民俗内涵。

一、要素分解

（一）物质要素
独特的海洋环境

岱山渔民世世代代在海上进行渔业生产劳动和生活，特有的海洋环境和渔猎经济形成各种民俗，如穿笼裤。它是海岛渔民服饰构成的特殊因素，是一种物质文化。

（二）精神要素
勤劳朴实、坚定乐观的精神

岱山渔民勤劳朴实、坚定乐观的精神，描述了这个群体在面对生活和工作时的态度和价值观。勤劳，指的是渔民为了谋生而付出辛勤劳动的特点。他们长时间从事渔业工作，面对复杂的自然环境和工作条件，通过辛勤付出来维持生计。朴实，意味着他们的生活方式简单、真实，不追求奢华和虚荣，更注重实际的生活需求和家庭价值。坚定，表示他们在面对困难和挑战时能够坚定不移，不轻言放弃。这可能与渔业工作中的不确定性、风险性和挑战性密切相关。乐观，意味着他们有着积极的生活态度，愿意面对困境并寻找解决问题的方法。即便面对困难，他们也能从中找到积极的一面。这样的精神体现了渔民作为一个群体在面对艰苦的渔业工作和生活压力时所展现出的品质，这种坚韧、努力和乐观的态度有助于他们克服各种困难，保持对未来的信心。

（三）制度要素
1.严谨完善的婚礼习俗

岱山地区的婚礼习俗有相亲、订婚、飨仙、迎娶、拜堂、贺郎、闹洞房等流程。

（1）相亲

早期，女子皆是"大门不出，二门不迈"，身处闺房，外人难见其芳容。在经媒人说合之后，男方一般会提出"看一看"的要求，这种在媒人的带领下，男方到女方家初次拜访的活动称为"相亲"，俗称"看亲"。

相亲的日子由男方提出，由媒人通知女方家长，双方都应做好准备。男方要带一些礼物，礼不在多，只是表心意而已，若能打动对方父母的心则更好。作为主角的男女本人都应尽力打扮得漂亮些，以获取对方的好感。如果男方被女方父母留下款待，这一般说明他已得到了女方父母及女方的认可。相亲后，经双方同意，择黄道吉日订婚定亲。

（2）订婚

经媒人做媒，男女双方已同意建立婚姻关系后，由男方择定订婚日子，请媒人持"订婚书"并将双方协定的金银首饰、聘金、果包、黄酒、家禽、糖、衣料等送往女方家，俗称"过书"。此日，男女双方均设宴庆贺。女方家办中餐，男方家办晚餐，俗称"订婚酒"。"订婚酒"宣告男女双方结成姻亲。

（3）飨仙

自古男子在举行婚礼前夕，要供奉神灵，俗称"飨仙"，又作"相喜"。

在中堂平整地摆放着六张八仙桌，中堂上首壁挂着三星巨像或贴囍字大红纸。一把有背大椅用风箱斗垫着，高出桌面，表示神座。

神座前的六张八仙桌上的供品排列顺序是：

12杯茶、24杯酒、12碗饭、10碗荤菜、飨仙团、馒头、五色糕饼、干果（桂圆、胡桃、红枣、荔枝等）、8只彩色瓷盆（盆中写着"五世其昌，百年好合"的字样）、豆腐、白盐、红糖，再有全猪、全羊，平伸四肢，昂对神堂。靠近中堂门口摆放着长条形的红木搁几，上面放着五盘供品（蟹、鱼胶、皮蛋、对鱼、笋），谓之"五胜"。搁几外面是画桌，放着五祀烛台，高燃大红花烛。中堂大门两旁各放两只装有镜子的脸盆架，架上有脸盆、毛巾等。在八仙桌中央，有一只小型铜鼎，燃着檀香。檀香两旁沿端，有一副小型烛台，俗称"腰台"。飨仙全堂异彩纷呈，一派庄严肃穆。

飨仙，自晚饭后开始，直至凌晨3时方告结束。其间，由主香翁（新郎的父亲）带着新郎参拜三次，即请神（接神）、敬神、送神。参拜的同时，由站在一旁的总管先生高声赞礼，并在伴有高亢的鼓、锣和优雅的器乐声中进行。

请神：随着总管的赞礼声，先由乐队擂鼓三通，再大吹大擂、鸣锣发炮，然后鼓、笙、琴、笛奏乐三次。

在乐声中，主香翁和新郎头顶一张写有"南朝一切圣众"的长条大红纸，恭敬地送到上首神座上，用股香叉夹在大椅背上，表示南天门各路神仙就座受飨。接着，主香翁和新郎各往两旁脸盆架前，做着照镜甩袖、挺冠、束腰、洗脸、洗手等动作，以示参拜之前先洁其身。然后，奉香参拜三次。

敬神：午夜12点，主香翁和新郎在总管赞礼和优美的鼓乐声中顶礼膜拜、献彩。由主香翁举盘从左边传递于接盘的人，逐个传递至神座前，把盘中所盛之物安放在供桌上，然后再把空盘从供桌下传递给右边的人，退回原处。这样传递三次，名曰"献彩"。第一盘中放着两张大红彩纸，第二盘中放着象牙吉杯，第三盘中为香茗。接着唱读祝文，文中皆为祈祷吉祥之语。最后奉香参拜三次。

送神：第二天凌晨3点，正值紫微星升起之时，其仪式与请神相似。不同的是，主香翁和新郎三次参拜之后，把神座上的"南朝一切圣众"大红纸从座上请下，把它和结成元宝状的金箔，在礼拜中焚烧，以表送神。

最后，主香翁与新郎各持一只酒杯，分别从两旁走向原神座旁，依次把每一杯、一碗、一盆的供品摘些微放在酒杯中，然后把杯中之物恭敬地洒泼在中堂瓦屋上。飨仙全程到此结束。

（4）迎娶

旧时，迎娶时需用两顶轿子——花轿和媒轿。男方的花轿到门口时，就会被拦阻在门外不让进来，女方家做好拦门，那时由媒人出面，把男方

所托带来的红包拿出来,这所谓"开门红包"。媒人拿出开门之宝,即红包,花轿才能进门,静候新娘上轿。新娘赖在床上迟迟不起,表达对母家依依不舍之情。坐在床上的新娘经过乐队三次催奏后,才起来梳妆。然后由母亲用布襟轻掸新娘背部,称之"掸油渍",表示以后下厨不会沾油渍。接着,新娘吃盛得满满的"上轿饭",还要在睡过的床两头各吐一口饭,表示日后温饱不用愁。饭后,新娘参拜祖先,随后给亲友等敬酒。将上轿时,母女都要哭泣,母亲在啼哭时千叮万嘱,到了婆家要孝顺公婆,善待丈夫等,女儿啼哭是因离娘出阁未尽孝道,养育之恩未报而依依难舍……

上轿时,由哥哥抱上轿,不让她双脚沾地,意为本家的好风水不能被她带到婆家。等花轿一出家门,就有人把一盆水泼出门,意为"嫁出去的女儿,泼出去的水"。也有人在花轿还未走几步时突然赶上去,用力地摇一下轿杠,名为"沾风水"。

花轿沿路行走间,沿路有至亲好友陪伴。在半途,让新娘喝桂圆汤,表示对新娘的关爱和祝贺。

娘家派长兄等人送轿,直送到半途,遇到由男方派来接轿的人,就互相作揖,握手后,即回。

(5)拜堂

新娘子穿戴凤冠霞帔,由媒人扶出轿,扶着走进堂前,等待新郎出场拜堂。待总管先生(司仪)请新郎入席后,才拜堂。

堂前桌上放着各种糕点、水果,点着龙凤花烛,上首坐着男方父母,旁边的亲朋好友围观,由总管先生主持拜堂仪式。仪式先由童子团读祝文,读毕,总管先生喊:一拜天地,二拜父母高堂,三夫妻对拜。叩拜后,由父母致贺词,祝福新人早生贵子、白头偕老等。

拜堂结束后,由童男童女各捧一支烛台引新郎新娘入洞房。之后,婚宴喜酒开始。这时,新娘换了身衣服来敬酒或祝福全体贺客。

（6）贺郎

结婚当天晚上，在堂前摆两张或两张以上八仙桌，在桌上摆上16个盆子，分别装有羊肉、花生、皮蛋、火腿、瓜子、鸡肉、猪肉、鳗干、礼糕、抢蟹、鹅肉、红枣、馒头、苹果、橘子、香蕉，还有一把酒壶，两个杯子。新郎和新娘站在八仙桌北面，面朝南，两边（东、西）站着亲朋好友（大多是年轻人）。他们一起玩各种游戏，如唱歌、讲笑话、猜谜语、用香钓鱼、叫新娘子站在铜火囱盖上转圈等。答题正确，动作做得好，可奖励糖果；反之，罚酒一杯。大家欢笑着一起祝贺新人。

附：贺新郎歌词

日落西山月啦啊东升，
今勒夜头堂厅贺啦啊新人，
新郎新娘上啦啊位坐，
众位朋友两啦啊厢登。
喜事门第闹啦啊盈盈，
四邻八居都啦啊高兴，
红娘牵线做媒人，
明勒朝贵子喜啦啊临门。
合勒喜酒敬啦啊新郎，
新郎开啦口把啦啊酒啦尝，
尝在嘴里甜啦啊在心里，
知心人儿配啦啊成双，
美满良缘今啦啊宵结，
夫妻恩爱到啦啊白头。

（7）闹洞房

闹洞房又叫"吵房""听房"。等新郎新娘进入洞房休息后，一班青年男女去隔壁房间偷听新郎新娘在新婚之夜说些什么，偷看新郎新娘的举动。一直到新郎新娘熟睡后，他们想方设法溜进新房，把新郎新娘的衣服、鞋袜抱走，或给新郎新娘揭被亮相等，以博众人欢笑。

2. 历史悠久的孝敬老人习俗

孝敬老人的习俗有：在重阳节挑"重阳担"，在端午节挑"节日担"，给老人做寿，送寿礼、寿联，六十六岁生日吃猪肉等。随着经济的发展，渔民们对于家中老人的照顾越来越重视、越来越周到。

（1）重阳节挑节日馒头。九月初九俗称"重阳节"，后称"老人节"。在这一日，岱山岛上出嫁的女儿要做米团、粽子、馒头等馈送父母及其他长辈挑"重阳担"，婚后三年重礼。生活条件好点的，还要挑整担老酒及鹅或雄鸡。另有端午节，同样是一个对父母表示孝顺的节日，出嫁的女儿要给父母挑节日担，尤其是婚后第一担，需要挑节日重担。

（2）给老人做寿。做寿从六十花甲起，七十古稀，八十正寿，九十大寿，逢九当十做寿，由女婿或儿子发起。每当长者的寿期一到，亲戚、小辈们都挑"幢篮"给长辈送寿礼。寿礼的厚薄，因家庭条件的优劣而有别。寿礼有四色礼和八色礼之分。四色礼即指"糕"（糕点）、"桃"（寿桃）、"祝"（大红寿烛）、"寿"（长寿面），八色礼即再加"玉"（猪肉）、"堂"（红糖）、"富"（烤麸）、"贵"（桂圆），也有送十二色礼的。届时，堂上设香案，摆上荤菜、素菜、酒、寿桃、寿面之类，先请"寿星菩萨"，后祭祖，再有做寿者受儿女子孙礼拜。大户或书香之家还有送寿联的，如"福如滔滔东海水，寿比南山不老松"等。普通渔农之家以送鸡、肉、面、蛋最为常见。最穷的人家也少不了送六斤（顺）、八斤（发）寿面和馒头。送礼之人，在寿期这天都可吃上一餐丰盛的"寿宴"。

（3）老人六十六岁生日吃猪肉。老人到六十六岁诞辰，儿女向他们敬献六十六块一寸见方的猪肉烧成的菜肴，以祝健康长寿。俗传为"六十六，阎罗大王请吃肉，六十九，阎罗大王请喝酒"，意思是吃了儿女做的肉，喝了儿女送的酒，阎罗大王就不会相邀了，就会长命百岁。

（四）语言和象征符号

绣工精美的笼裤图案

岱山岛渔民穿笼（龙）裤是海岛民俗中一朵绚丽的奇葩。从前，岱山群岛渔区"三天打鱼，两天晒网"，贫困的渔民服饰十分简朴。笼裤是用土布制成，质地厚实耐穿，经济实惠。特别是笼裤与一般裤子不同，直筒大裤脚，裤腰宽松、左右开衩，裤脚宽大，双腿下蹲上抬，灵活自如。

海岛渔民穿笼裤的确切起源无可追溯，但根据民间的普遍传说，盛行时间当在清朝后期，延续时期直到民国以至二十世纪六七十年代。

笼裤盛行于东海海域，尤其是舟山群岛，不仅渔民喜欢穿，而且宫庙菩萨也在穿。当地有谚："青浜庙子湖，菩萨穿笼裤。"事有其因。相传许久以前，一渔船在海上遇上大风，撞于礁石，其中一渔民抱住一块船板，随巨浪漂荡至庙子湖岛。他慢慢地爬上小岛，在荒岛上度过日日夜夜。这个好心的渔民，捡来枯柴燃烧，以火光引渡来往船只，以免它们触礁。一日，偶有船只靠岸上岛，正巧遇见那个渔民奄奄一息地倒在洞边，经抢救无效而亡。当地渔民为纪念他引渡有功，就在岛上塑了一个上身穿背单、下身穿笼裤的神像。

中华人民共和国成立后，随着渔村经济的发展，渔民生活有了改善，海上作业的服饰有所改变，尤其是那些年轻渔民，以油布、塑料连裤雨衣、雨裤代替，可那些老渔民对笼裤仍情有独钟。

从前，广大渔民所穿的笼裤，与其他裤子相比，显示了海上作业的服饰特点。笼裤多为深蓝色、青色，也有少数用栲皮染成酱黄色的。直筒大裤脚，形似灯笼，裤腰宽松并左右开衩，开衩处缝有四条织有花纹的带子，便于穿时束缚。裤裆宽大，能使双腿下蹲上抬无所阻碍，灵活自如。每逢冬季，海上比较寒冷，能把棉背单塞进宽裤腰里，然后裤带一束，既舒服又暖和。如手冷了，双手伸进裤腰衩口里，就能挡风御寒。

巧手的渔家姑娘，还会给笼裤绣上精巧的"龙凤呈祥""八仙过海""鱼、鸟、花卉"等图案，使其不但实用而且精致美观。

二、核心基因提取与评价

基于对材料的全面、深入分析，得出本文化元素的核心基因表述为："勤劳朴实、坚定乐观的精神""严谨完善的婚礼习俗""历史悠久的孝敬老人习俗"。

岱山渔家习俗核心文化基因评价依据

评价项目	评价因子	评价依据（特点）	是否
生命力评价	文化基因存续的时间	自出现起延续至今，未曾明显中断	√
		自出现起延续至今，但多次衰微、中断后复兴	
		曾明显衰败，改革开放后开始复兴或历史溯源关键环节缺失，难以考证	
		文化形态主体已灭失，现存部分痕迹	
	文化基因的稳定性	在发展过程中保持相当稳定的状态	√
		在发展过程中存在明显的精神内涵、表现形式剧变	
凝聚力评价	文化基因的凝聚力及社会动员效果	曾广泛凝聚起区域群体的力量，显著推动过社会经济文化的发展	
		曾部分凝聚起区域群体力量，对社会经济文化的发展产生过影响	√
		凝聚过力量，创造过实际的发展动能，但未见对社会经济文化发展产生显著改变	
		仅在历史文献或口耳相传中存在，未见实际介入社会经济发展	

续表

评价项目	评价因子	评价依据（特点）	是否
影响力评价	辐射的范围	具有全国性、世界性的影响力	
		具有长三角区域、浙江省影响力	
		具有市县、乡镇影响力	√
	提炼的高度	已经被古代文人士大夫和（或）当代学者提炼为精神符号和理念理论	
		单纯的样式、造型、工艺技术规范	√
发展力评价	与当代精神追求和价值观念的契合	传统文化基因得到创造性转化、创新性发展；区域革命文化基因被完整继承、广泛弘扬；区域社会主义先进文化基因成为与浙江"三个地"相适应的文化高地	
		部分转化、部分弘扬、部分发展	√
		难以转化、难以弘扬、难以发展	

说明：基因特点评价是对解码出来的基因，根据本《导则》表2的要求，围绕"四个力"逐一对表打"√"，进行定性表述

（一）生命力评价

岱山渔民世世代代在海上渔业生产劳动和渔民生活中，创造和继承了丰富多彩的民俗事项。如传统的渔民服饰笼裤，根据民间的普遍传说，盛行时间当在清朝后期，延续时期直到民国以至二十世纪六七十年代。中华人民共和国成立后，随着渔村经济的发展，渔民生活有了改善，海上作业的服饰有所改变。因此其文化基因延续至今未曾明显中断，文化基因形态保持稳定。

（二）凝聚力评价

即使随着经济的发展，渔民的生活得到了改善，但他们对于一些民俗的热衷不减反增。重阳节给老人过节、年岁过大后

的寿宴也越来越隆重,还有迎神赛会,前后相继180多年,都一直有组织、有计划地举办。因此其文化基因"勤劳朴实、坚定乐观的精神""严谨完善的婚礼习俗""历史悠久的孝敬老人习俗"能够广泛凝聚起区域群体的力量,推动社会经济文化的发展。

(三)影响力评价

迎神赛会,集祭神和娱乐于一体,熔各种表演艺术和造型艺术于一炉,它规模宏大,内容丰富,影响深广,体现了我国南方"吴文化"的特点。穿笼裤,追求性价比与美观。孝敬老人的优秀品质,深刻影响着人们如今的行为,塑造他们的价值观。因此其文化基因"勤劳朴实、坚定乐观的精神""严谨完善的婚礼习俗""历史悠久的孝敬老人习俗"具有市县、乡镇的影响力。

(四)发展力评价

其文化基因"勤劳朴实、坚定乐观的精神""严谨完善的婚礼习俗""历史悠久的孝敬老人习俗"是世世代代岱山渔民在群岛上繁衍过程中积累的文化成果,饱含着渔民朴素的大海"情结",体现出岱山群岛奇特的渔俗文化,充分显示时代的烙印和区域的特色。如今,这些习俗也成为当地独特的文化和旅游资源,与当代精神追求和价值观念相契合,能够较好地转化、弘扬、发展。

三、核心基因保存

"勤劳朴实、坚定乐观的精神""严谨完善的婚礼习俗""历史悠久的孝敬老人习俗"作为岱山渔家习俗的核心基因,文字资料主要保存在岱山县文化广电新闻出版局编《浙江省岱山县非物质文化遗产大观》。

群岛文学

东海蓬莱　岱山文化基因

群岛文学

蓬莱岛上的岱山县文学协会，创建于 1984 年，于 2006 年更名为岱山县作家协会（简称"岱山作协"），到目前已存在 40 年之久。这个海岛文学社团凭着团结、执着的精神，数十年如一日，立足海岛，坚持特色，不懈探索，终有所成。40 年来，岱山县作家协会在各级党政领导和上级部门的关心和支持下，坚持"以文会友，提高自身，繁荣海岛文化"的宗旨，积极开展各种健康有益的文学创作活动，积极营造浓郁的文学氛围，并逐步树立"群岛创作群体"的形象，受到省内外文坛的关注。

1. 加强自身建设，促进文学队伍的健康发展

作协作为党和政府联系广大作家、文学工作者的桥梁和纽带，肩负着建设先进文化的神圣使命和重大责任。要使一个文学社团坚持不懈健康发展下去，队伍建设至关重要。多年来，岱山作协理事会从自身抓起，通过理事会、文学沙龙等形式，经常召集文艺骨干组织学习党的有关文艺的方针政策，并经常参加市县有关部门组织的读书学习班、"三项教育"等理论学习。通过学习，进一步坚定了作协的指导思想，提高了会员的思想觉悟，形成了重德尚艺的风气，这支队伍的政治素质和业务素质都有不同程度的提高。

在既要保证协会人数，又不降低入会条件的前提下，作协认真细致地做好新会员吸收及向上一级作协推荐会员的工作。同时，作协加强对青年作者的业务培训，积极推荐会员参加北京鲁迅文学院和省市文联、作协及报刊社举办的各类短期培训、创作加工会等，在力所能及的范围内，给予作者一些资金等方面的支持。

岱山作协坚持依法结社、加强社团民主管理，以作协章程为依据开展工作，建立和完善作协理事会议制度、会员发展及联络制度、创作委员会活动制度、作协财务管理制度等各项工作制度。自觉服从社团管理，积极参加社团法律法规培训，做好社团年检年审工作，包括配合财税、审计、物价等部门做好对作协财务的检查。由于岱山作协工作规范，曾被舟山市人民政府连续4年授予全市先进社团称号。

2. 不断拓展活动内容和活动领域，力求提高活动内容的层次

40年来，岱山作协根据自身特点和自身条件，把活动的健康向上和普及与提高相结合，做了大量组织工作。

征文活动是作协发现文学人才的有效途径。40年来，岱山作协坚持一年一赛活动。自1984年成立至今，作协相继举办群岛文学作品大赛、"文学新世纪"作品征文、"纪念建党80周年征文"等各类活动。尤其是在1994年、1995年、1996年，岱山作协与《舟山日报》社连续3年联合举办的舟山市首届海洋文学大赛、舟山人一日征文大赛、"三建杯"全市散文大赛等征文活动，引起省内外作者的热烈反响，一些文学人才和文学新人通过征文活动脱颖而出和得以被发现。2002年5月，《中国海洋报》社和岱山县人民政府联合主办的全国海洋文学征文大赛活动，由岱山作协承办。此次征文活动影响广泛，共收到来自海内外的应征作品951件，岱山作协邀请浙江省作协原主席叶文玲、上海市作协副主席赵丽宏、《文学报》总编辑郦国义等国内著名作家担任评委，有48名作者分获各类奖项。同时，作协邀请了30余位外地获奖作者代表专程来岱山参加隆重的征文颁奖仪式。40年间，岱山作协举办多次规模不一的文学征文活动，有力地推动了当地文学活动的开展，促进了海岛文学创作的繁荣。

生活是创作的源泉。组织会员深入生活，到丰富多彩的社会生活中去扩大视野，获取丰富的创作素材，是章程赋予协会的另一项重大任务。40年来，岱山作协坚持开展创作采风活动，组织会员参观市、县重点工程及每年到一个乡镇、一家企业、一个军营等进行创作采风，并组织创作骨干到上海、江苏、宁波、绍兴等地与当地文学社团进行交流。采风活动，不仅促进会员间的交流，开拓了创作视野，同时也丰富了创作素材，每次活动都会有一批作品问世。

一个地方文学氛围的形成和保持有赖于作者之间的相互交流、相互促进。岱山作协除定期编发《岱山文学信息》，为会员及时传递各类文学创作活动信息外，还采取小型集中方式，不定期开办文学沙龙、作品研讨等活动，针对海洋文学创作轨迹、个体写作优势及今后发展方向等进行热烈讨论和广泛探讨，活跃理论研究的气氛。为扩大群岛创作群体的辐射面，协会与岱山县广播电视台合作，与全县文学爱好者讨论共同关心的文学话题，重点介绍会员写作经验体会和成果。2000年，在岱山信息港网站开辟"群岛文学"网页。2002年4月，与《海中洲》编辑部联合在岱山举行为期四天的散文、诗歌作品加工会，就散文和诗歌的形式、内容以及应承担的社会功能等，进行相互交流切磋。2002年10月，举办全国海洋文学创作理论研讨会，这种专题性的海洋文学理论研讨在国内尚属首举，其意义不同凡响，《文学报》《浙江作家》《舟山日报》等报刊都纷纷予以报道。

作品在街头展览是岱山作协传统

的活动项目，从作协成立至今，已举办过多次街头作品展览。由于所展示的画板设计精心、内容翔实、展出时间长，赢得了很好的宣传效果和社会影响。它以特有的艺术形式表达出海岛文学作者辛勤耕耘、团结和谐的群岛精神。

岱山作协还采取"走出去，请进来"的方式，邀请外地作家来岱山为海岛作者传经授艺。如1989年12月，邀请上海著名作家刘希涛、毛自安、周玉明、俞炳坤等为全县100多位文学爱好者开设文学讲座。1994年11月，邀请我省著名作家叶文玲、谢鲁渤、夏真等来岱山参加作协十周年会庆活动。2002年10月下旬，又邀请叶文玲、洪治刚等著名作家，以及在全国海洋文学征文中获奖的各地作家、诗人等36人，参加由《中国海洋报》社、舟山市作协和岱山文协联合举办的全国海洋文学创作研讨会。

3. 鼓励和组织会员勤奋创作，不断提高海岛作者的创作水准

文学是凝聚文心的要素，也是文学协会的立身之本。回顾40年来的创作成果，成绩喜人。在这块四面悬水、毫无退路而又养育着一代代追海人的土地上，来自各个行业、各个岛屿的一批文学青年不约而同地汇集在同一片水域，始终满怀着对生活和海洋文化的激情。他们上小岛，攀悬崖，下船头，到盐田，穿梭在海风浪花里，将创作视角瞄向海岛，以独特的灵魂与海进行着激动人心的对话。一大批书香墨气中透着浓浓海腥味的文学作品，让海岛以艺术的形象走近人们的视野。岱山作协，虽然受地理环境的限制，无论从个体创作实力、理论建树，还是作品数量、在全国的知名度等，都无法与那些标新立异的"先锋"流派一争高下，但仍从一个侧面展示出一个多姿多彩的文学海洋。

40年来，甘于寂寞而勤奋创作的会员在全国及海外有影响力的许多报刊上发表过带有"海腥味"的作品，出版了许多个人专著，如汪国华的散文集《打捞岁月》《与书相伴》、厉敏的诗歌集《穿越动荡的午夜》、紫鹰（范斌辉）的随笔集《影子与影子的街道》、李越的随笔集《逝去的古典》等，并编著了国内第一本海洋文学作品精选集《倾听潮声》。这些"海腥味"十足的作品饱含着海岛人对于海岛生活的表述、思考和热爱家园的殷殷情怀。尤其是以朱涛、郑复友、李越、厉敏、孙海义、李国平、马涛、颜平、徐嘉和等为代表的"岱山群岛诗群",首次向全国诗坛亮相后,作为一个民间社团,频频在全国诗歌期刊上亮相。《诗刊》《诗歌报》《诗歌月刊》《东海》《萌芽》等期刊,先后展示过其作品或作专题评价,他们的作品多次被选入各种选集和在文学征文中获奖,成为海岛岱山的一个"文化品牌"。浙江卫视电视台于1995年来岱山摄制过反映群岛诗群的专题片《蓝色诱惑》,数次在浙江卫视电视台播放,并被选为东南亚文化交流节目。

由岱山作协主办的《群岛》文学期刊走出岛门,截至2022年3月已创办181期,各地作者来稿和索阅期刊的络绎不绝,成为国内一家颇有影响力的民间期刊。

40年来,群岛作者们以其丰富的人生阅历、敏锐的思想触角和深沉幽远的历史人生的探索,使海洋文学在内涵意蕴上充分显示出她的丰富性、深刻性和多元性。他们在中国海洋文学的长廊上,占有不可被忽视的一席。

4. 广泛开展对外文学交流,促进社团工作趋向社会化

40年来,岱山作协通过一些有促进作用的活动来吸引广大作者对作协活动的热情关注与积极参与;同时还以探索创新的精神,积极开展文学性的社会活动,在为社会服务的同时,努力扩大作协的社会影响力。

岱山作协为回报社会多年来的关怀与支持,使更多的海岛民众理解与关注海洋文学创作,于1999年12月和2004年5月1日分别在县新华书店、安澜路等设摊,邀请本市作家或作协会员举行现场签名赠书活动。

在1997年6月和1999年10月,岱山作协与县文联联合在高亭影剧院广场分别举办迎香港回归和迎澳门回归大型广场诗歌朗诵会。在2001年7月,岱山作协与团县委、县青联联合举办"党在我心中"诗歌朗诵会,节目丰富,气势磅礴,社会反响热烈。在新旧世纪交替之年,岱山作协组织会员在鹿栏晴沙景区开展"让海洋文学漂洋过海"放飞漂流瓶活动和为新世纪朗诵一首诗活动,《浙江日报》等多家媒体均予以了相关报道。这些诗歌朗诵活动,不仅以诗歌朗诵这一独特载体丰富了海岛群众文化生活内容，给当时较为寂寞的诗坛注入一些活力，同时也赢得了良好的社会声誉和社会影响。

作协积极参加省、市、县文联等单位举办的各项活动，并加强与社会各界联系，广泛开展文学写作服务。如配合县文联文化下乡等活动，协助旅游、农林水利等单位做好有关旅游资源、海塘建设等文章撰写，与海岛部队哨所官兵开展文化结对，向军营定期赠送优秀图书活动等。

开展对外文学交流也是岱山作协的一项重要工作内容。40年来，岱山作协先后接待了省作协、上海城市诗社、余姚文联、嵊泗文协以及嘉兴、宁波、定海等地来访的作家、诗人、文学编辑等。每次外地作家来访，协会尽可能对他们的创作采风活动予以方便和支持，在条件允许的情况下略尽地主之谊，并组织本地作者与他们进行文学对话，通过互访促进文学交流，也使本地作者获取更多文学创作的信息。

岱山作协还始终以社会责任感出发，致力于中小学生写作水平的普及和提高，将不断培养、扶植文学新苗作为协会义不容辞的职责。40年来，先后组织一批创作骨干为中小学校文学社开办系列文学辅导讲座；利用暑假开办中学生写作培训班，并与中共舟山市委教育工作委员会、《舟山教育》报社联合，于1996年、1998年举办了两届全市中学生散文诗歌大赛，共收到中学生文学作品1200余篇。为进一步加强对校园文化的指导，岱山作协在《群岛》上开辟中学文学社团作品专版，向重点学校赠阅一定数量的《群岛》，并举行了中学生文学研讨和中学文学社团发展研讨会等活动。

岱山作协40年来所做的工作，是在没有专职人员、没有固定经费的情况下，靠克服困难，争取社会支持和帮助而进行的；同时必须指出的是，这些工作自始至终得到了广大会员的大力支持和积极配合、参与，是广大会员团结一致、共同努力的结果。这里特别要提及的是，有许多理事和会员为了组织活动而放弃了自己的休息时间，甚至几天几夜不回家；有的不计一分报酬默默地做好作协工作；有的还自掏腰包承担起作协采风和外地作家采风时的接待工作及《群岛》的编印；有的虽已调离本地，但仍一如既往地关心和支持着作协。这一切，正是"群岛创作群体"精神实质所在。

40年来，岱山作协始终得到了社会各界的支持和扶植。浙江省作协领导叶文玲、林晓峰、陈军、盛子潮等，多次来海岛对岱山作协的工作进行指导；历任省、市、县党政领导夏阿国、姚德隆、江建国、戴秀开、冯淑仙、叶宽宏等，应邀担任过岱山作协名誉主席，并一直关心着作协的成长。岱山作协的创作活动还得到社会各界的肯定和好评，《中国文化报》、《中国青年报》、《浙江日报》、《文学报》、《浙江文化》、《浙江作家》、浙江电视台、《舟山日报》等多家媒体多次介绍过其活动情况。岱山作协曾被浙江省作协评为浙江省文学组织先进单位，被舟山市人民政府授予先进社会团体等荣誉称号。

当然在肯定成绩的同时，作协也清醒地认识到岱山文学创作的现状，由于近年来有不少本地会员外流，以及物欲横流的冲击，部分会员兴趣发生转移，本地文学创作与实力较强的其他兄弟县区作协相比，还有很大很大的差距。文学工作是一项个体性很强的劳动，大都靠每个人的"单兵作战"，说到底作协组织活动的目的是起到激励和促进作用，如果会员没有创作自觉性，再有影响力的活动也没用。诗歌创作虽然一直是岱山作协的特色，但创作上逐渐缺乏向外冲击的集群力；小说、散文创作力量薄弱，缺少有震撼力、大气的作品。令人担忧的还有活动资金缺乏、社团活动范围狭窄等诸多问题。过去的40年，岱山作协能保持活力，关键一点是开展了一系列有利于创作的各种文学活动，在活动中促进了会员之间的交流，营造了良好的创作氛围，同时也扩大了作协在社会中的影响。今后，协会仍将通过举办文学研讨、文学征文、创作采风等活动来不断拓展活动内容和活动领域，进一步增强会员的凝聚力。

岱山作协虽然只是地方上的一个群众性社团组织，但却是一个始终团结和谐、充满艺术氛围的群体。"群岛"，既是海岛岱山的一张"文化名片"，也可以说是一个诗情永存、友情永存的象征。

文化的繁荣离不开社会大环境的昌盛开明，在日新月异的大环境中，感受着汹涌而来的时代潮，充满诱惑的海洋资源开发与文化名城建设，同样激活着许多海岛文学作者的创作灵感和创作激情。在海洋经济的催生下,海洋文学创作亦是精彩纷呈。岱山作协有理由相信,只要抓住新世纪海洋文学再度腾飞的机遇,必将迎来一个更加辉煌的文学之春。

一、要素分解

（一）物质要素

1. 内容丰富的群岛作家文丛

多年来，岱山作协倾力推介本土作家，除群岛诗群不断向外推介海洋诗歌外，还于 2008 年和 2012 年分别策划出版了两套"群岛作家文丛"，共 18 部，并联合岱山县新华书店举行岱山本地作家签名赠书活动。签名赠书活动，协会已举办过多次，旨在进一步宣传推介海洋文学创作，更好地实施文化惠民，发挥文学服务社会化的作用。

2. 风光宜人的文心茶坊

为配合地方旅游发展，2008 年，岱山作协在东沙古渔镇设立了群岛作家陈列室，以图、文、集并茂的方式向外界展示了作协 20 多年的创作活动成果，其中文心茶坊是文朋诗友交流的一个平台，也是古渔镇又一旅游参观景点。

3. 与时俱进的作家网络平台

岱山作家网作为全省首个县区级作家网站，于 2006 年 5 月创办。岱山作家网成为传播、交流与分享海洋文学的平台，扩大了舟山海洋文学的社会影响力。

（二）精神要素

贴近生活、贴近群众、贴近实际的创作理念。

岱山作协始终引导广大作家，坚持正确的创作方向，即"自觉贴近生活、贴近群众、贴近实际"，并且把参与海洋文化建设的热情具体落实在文学创作实践上。

（三）制度要素

1. 完善的组织管理制度

岱山作协注重制度建设，不断建立、完善各项工作制度，如《岱山作家协会理事会议制度》《岱山县作家协会文艺采风创作制度（试行）》《关于进一步加强作协财务管理的规定》《岱山县作家协会创作扶持激励办法》《岱山作家协会学习培训制度》《岱山县作家协会重大事项报告制度》《岱山县作家协会会员参加活动积分管理办法（试行）》《岱山作家协会秘书处工作制度》《岱山作家协会档案管理制度》《岱山县作家协会印章管理办法》等十余项。

2. 多姿多彩的文学活动

40年来，岱山作协多次组织创作采风、作品展览、文学研讨等活动，举办或协办了多届"岱山杯"全国海洋文学征文大赛、全国小小说（舟山）笔会、舟山人一日征文、全国海洋文学创作理论研讨会、舟山海洋诗歌创作研讨会等，并多次邀请国内作家、诗人来岱山进行"看岱山，写岱山"活动。

3. 以征文活动选拔人才的组织途径

40年来，岱山作协坚持一年一赛活动。自1984年成立至今，作协相继举办各类征文活动。尤其是在1994年、1995年、1996年，岱山作协与《舟山日报》社连续3年联合举办的征文活动，引起省内外作者的热烈反响，一些文学人才和文学新人通过征文活动脱颖而出，得以被发现。2002年5月，岱山作协承办了全国海洋文学征文大赛活动。此次征文活动影响广泛，共收到来自海内外的应征作品951件，协会邀请浙江省作协原主席叶文玲等国内著名作家担任评委，有48名作者分获各类奖项。协会还邀请了30余位外地获奖作者代表，专程来岱山参加隆重的征文颁奖仪式。40年间，岱山作协共举办多次规模不一的文学征文活动，有力地推动了当地文学活动的开展，促进了海岛文学创作的繁荣。

（四）语言和象征符号

1. 硕果累累的文学作品

这些年来，勤奋创作的会员在全国及海外有影响力的一些报刊上发表过许多带有"海腥味"的作品，出版过作品合集和个人专著，如汪国华的散文集《打捞岁月》《与书相伴》、厉敏的诗歌集《穿越动荡的午夜》等。

2. 内涵丰富的群岛文学宣传片

1995年，浙江卫视来岱山摄制了一部片长12分钟，反映群岛诗群创作生活的专题片《蓝色诱惑》。该节目在浙江卫视多次播放，并成为东南亚文化交流节目。2008年，在岱山作协成立24周年期间，由岱山电视台摄制了一部片长25分钟的作协形象宣传片《蓝色水域的歌者》。该片扩大了岱山作协的影响力。

二、核心基因提取与评价

基于对材料的全面、深入分析,得出本文化元素的核心基因表述为:"贴近生活、贴近群众、贴近实际的创作理念""完善的组织管理制度""硕果累累的文学作品"。

群岛文学核心文化基因评价依据

评价项目	评价因子	评价依据(特点)	是否
生命力评价	文化基因存续的时间	自出现起延续至今,未曾明显中断	√
		自出现起延续至今,但多次衰微、中断后复兴	
		曾明显衰败,改革开放后开始复兴或历史溯源关键环节缺失,难以考证	
		文化形态主体已灭失,现存部分痕迹	
	文化基因的稳定性	在发展过程中保持相当稳定的状态	√
		在发展过程中存在明显的精神内涵、表现形式剧变	
凝聚力评价	文化基因的凝聚力及社会动员效果	曾广泛凝聚起区域群体的力量,显著推动过社会经济文化的发展	√
		曾部分凝聚起区域群体力量,对社会经济文化的发展产生过影响	
		凝聚过力量,创造过实际的发展动能,但未见对社会经济文化发展产生显著改变	
		仅在历史文献或口耳相传中存在,未见实际介入社会经济发展	

续表

评价项目	评价因子	评价依据（特点）	是否
影响力评价	辐射的范围	具有全国性、世界性的影响力	
		具有长三角区域、浙江省影响力	√
		具有市县、乡镇影响力	
	提炼的高度	已经被古代文人士大夫和（或）当代学者提炼为精神符号和理念理论	√
		单纯的样式、造型、工艺技术规范	
发展力评价	与当代精神追求和价值观念的契合	传统文化基因得到创造性转化、创新性发展；区域革命文化基因被完整继承、广泛弘扬；区域社会主义先进文化基因成为与浙江"三个地"相适应的文化高地	√
		部分转化、部分弘扬、部分发展	
		难以转化、难以弘扬、难以发展	

说明：基因特点评价是对解码出来的基因，根据本《导则》表2的要求，围绕"四个力"逐一对表打"√"，进行定性表述

（一）生命力评价

从岱山县文学协会成立开始，在一次会员大会上，选举产生第一届理事会。后来，成立了岱山县青少年文学爱好者协会（简称"县青年文协"），再后来，在原有县青年文协基础上，还成立了浙江省青年文联岱山分会。1991年，县青年文协与县文协合二为一，至此，岱山文学创作队伍，无论是人员还是作品渐上规模，以文协会员为骨干的浙江群岛诗群在全国各级报刊频频亮相。

1997年，协会正式隶属县文联，1999年，成为全县合格的具有独立资格的法人社团，2006年协会更名为岱山县作家协会，成为舟山市首个县区级作家协会。因此，"贴近生活、贴近群众、贴近实际的创作理念""完善的组织管理

制度""硕果累累的文学作品"的文化基因延续至今，未曾明显中断，文化基因形态保持稳定，并处于良好健康的发展之中。

（二）凝聚力评价

40年来，岱山作协举行了多次规模不一的文学征文活动，有力地推动了当地文学活动的开展，促进了海岛文学创作的繁荣。因此，其文化基因"贴近生活、贴近群众、贴近实际的创作理念""完善的组织管理制度""硕果累累的文学作品"能够广泛凝聚起区域群体的力量、推动社会经济文化的发展。

（三）影响力评价

从岱山作协诞生的第一天起，岱山文学创作者就把目光投向赖以生存的海洋，开始向海洋文学辉煌的远方跋涉，不断拼搏努力，不断创新发展。因此，其文化基因"贴近生活、贴近群众、贴近实际的创作理念""完善的组织管理制度""硕果累累的文学作品"具有长三角区域、浙江省的影响力，已经被当代学者提炼为精神符号和理念理论。

（四）发展力评价

岱山群岛诗社，凭着对文学的执着和成员之间的团结，十几年如一日，立足海岛，保持特色，经不懈探索终有所成，特别是在海洋诗的创作上，展示了一个丰富多彩的世界。因此，其文化基因"贴近生活、贴近群众、贴近实际的创作理念""完善的组织管理制度""硕果累累的文学作品"与当代精神追求和价值观念相契合，能够较好地转化、弘扬、发展。

三、核心基因保存

"贴近生活、贴近群众、贴近实际的创作理念""完善的组织管理制度""硕果累累的文学作品"作为群岛文学的核心基因,文字资料保存在"群岛作家文丛",实物材料保存在群岛作家陈列室,位于岱山县东沙古渔镇。

渔歌唱晚

东海蓬莱 岱山文化基因

渔歌唱晚

"渔歌唱晚"指的是岱山的渔民号子。渔民号子是渔民船工在劳动中的口头音乐，其发展与岱山传统渔业捕捞、海上运输业规模化进程同步。宋代时期，江、浙、闽等地的各帮渔船云集于岱山渔场，渔歌号子伴随着人力捕捞作业而生。明朝，渔歌号子随洪武年间海禁政策一度消失，后来于明嘉靖年间随开禁逐步复苏。至清康熙年间，岱山渔业迅速崛起，江浙等地迁入的大量渔民将内陆歌谣、曲调带入舟山，丰富了渔民号子种类。1911至1949年间，远洋捕捞迎来大发展，岱山乃至整个舟山渔业迎来全盛期,渔民号子亦进入繁荣阶段,渔民有感而发,以直白率真、朴实动人的语言表达心声,寄托情感。1947年,中国音乐家协会原常务理事周大风在定海师范学校工作,记录了400余首渔歌,整理成81首,目前尚存41首曲谱刻印成集。经过历史上各个阶段及多种渠道的传播,渔民号子已基本形成特色,成为东海渔歌的典型代表。渔民号子可分为10类25种,与渔业生产劳动密切相关,曲调一般较为固定,而歌词常即兴创作。渔民吟唱渔民号子往往以劳动为目标价值趋向,通过传唱来鼓舞工作热情、组织协调团队力量。

一、要素分解

（一）物质要素

丰富的渔场资源和悠久的渔业史

岱山县渔场资源丰富，有岱衢洋、黄大洋、黄泽洋、灰鳖洋四大渔场。同时，岱山渔业历史悠久，捕鱼业始于公元前4500年，历经几千年的发展达到全盛。丰富的渔场资源、悠久的渔业史，孕育了渔歌号子等文化瑰宝。

（二）精神要素

1. 以苦为乐的积极生活态度

历代渔民终年搏击大海，在艰险枯燥的生活环境里，他们以苦作乐创作了渔歌号子等音乐、文学作品。在歌词字里行间，读者可以感受到历代渔民生活的乐观态度和努力进取的奋斗精神。

2. 可持续发展的渔业发展理念

历代渔民在海上捕捞实践中提炼、总结出了可持续发展的渔业发展理念，并通过谚语的形式传承至今，如"小鱼苛光大鱼稀，眼前快乐后来苦""张夏张秋，一日三潮，捕大养小，吃用勿愁"，体现了"捕大养小"，保留海洋生物种群繁衍力的正确理念。

传承不仅是岱山渔业的重要组成部分，也为整个社区提供了积极向上的力量，推动着当地社会的发展和进步。

（三）制度要素
1. 通俗易懂、朗朗上口的形式

渔民号子因简单、直接和富有节奏感而广泛流传，成为渔民文化的一部分。它们的内容往往涉及渔民的日常生活、劳动经验和对海洋的感受。渔民号子的歌词使用日常口语，内容贴近渔民的生活和工作，容易被人理解和记忆。渔民号子的旋律简单重复，节奏明快，易于大声吟唱，适合在海风中传唱。渔民号子的节奏有助于协调集体劳动的节奏，比如拉网和划船。渔民号子中包含丰富的文化元素，如对天气的理解、海洋知识、社区故事等，是文化传承的载体。渔民号子不仅仅是音乐表达，也是渔民生活哲学和智慧的传达，体现了渔民对海洋生活的热爱和对自然环境的尊重。

2. 固定曲调结合即兴编词

舟山渔民号子的独特之处在于其固定的曲调结合即兴编词的形式。这种唱法允许渔民在保持传统旋律的基础上，根据当时的情境、情感或事件

3. 勤劳、务实的渔民精神

岱山渔民以其勤劳踏实的工作态度而闻名。他们通常会在清晨出海，面对变幻莫测的海洋环境，全身心地投入到捕捞工作中。这种勤劳的态度反映了对谋生的追求和对家庭的责任心。渔民通常具有务实的特质，注重实际问题的解决和适应环境的能力。在渔业工作中，他们需要灵活应对不同的情况，采用实用的方法解决问题，而不是过于理论化或理想化。同时，岱山渔民深知海洋的变幻莫测，因此对自然环境有一种敬畏之心。他们尊重大自然，善于观察天气、潮汐和其他自然现象，以便更好地进行捕捞活动。渔民之间通常有很强的团结协作精神。在面对海上风险和挑战时，大家会紧密合作，共同克服困难。这种团结协作的态度有助于提高整个渔业社区的抗风险能力。这种渔民精神的

即兴创作歌词。这样既保持了号子的传统特色，又赋予了每次演唱的独一无二的个性。渔民号子的旋律通常是历史悠久、代代相传的，它们可能源于古老的民歌或者是为渔民工作特别创作的曲调。根据当天的海况、捕鱼情况、节日或工作中的小故事，渔民会即兴创作歌词，这些歌词反映了他们的直接感受和生活状态。歌词通常描述渔民的日常生活、对海洋的理解、家乡的景象以及社会生活的各个方面。在劳动中唱号子可以鼓舞人心，提高工作效率，同时也可以缓解劳动强度带来的疲劳感。这种唱法也是渔民艺术表达的一种方式，展现了他们的创造力和艺术天赋。因此，舟山渔民号子不仅是一种工作时的号召，也是一种重要的文化和艺术形式，反映了舟山渔民丰富的文化生活和深厚的文化传统。舟山渔民号子可分为 10 类 25 种，一般具有固定的曲调，渔民在哼唱过程中即兴编词，语言直白、朴素动人。

二、核心基因提取与评价

基于对材料的全面、深入分析，得出本文化元素的核心基因表述为："丰富的渔场资源和悠久的渔业史""以苦为乐的积极生活态度""勤劳、务实的渔民精神"。

渔歌唱晚核心文化基因评价依据

评价项目	评价因子	评价依据（特点）	是否
生命力评价	文化基因存续的时间	自出现起延续至今，未曾明显中断	√
		自出现起延续至今，但多次衰微、中断后复兴	
		曾明显衰败，改革开放后开始复兴或历史溯源关键环节缺失，难以考证	
		文化形态主体已灭失，现存部分痕迹	
	文化基因的稳定性	在发展过程中保持相当稳定的状态	√
		在发展过程中存在明显的精神内涵、表现形式剧变	
凝聚力评价	文化基因的凝聚力及社会动员效果	曾广泛凝聚起区域群体的力量，显著推动过社会经济文化的发展	√
		曾部分凝聚起区域群体力量，对社会经济文化的发展产生过影响	
		凝聚过力量，创造过实际的发展动能，但未见对社会经济文化发展产生显著改变	
		仅在历史文献或口耳相传中存在，未见实际介入社会经济发展	

续表

评价项目	评价因子	评价依据（特点）	是否
影响力评价	辐射的范围	具有全国性、世界性的影响力	
		具有长三角区域、浙江省影响力	√
		具有市县、乡镇影响力	
	提炼的高度	已经被古代文人士大夫和（或）当代学者提炼为精神符号和理念理论	√
		单纯的样式、造型、工艺技术规范	
发展力评价	与当代精神追求和价值观念的契合	传统文化基因得到创造性转化、创新性发展；区域革命文化基因被完整继承、广泛弘扬；区域社会主义先进文化基因成为与浙江"三个地"相适应的文化高地	√
		部分转化、部分弘扬、部分发展	
		难以转化、难以弘扬、难以发展	
说明：基因特点评价是对解码出来的基因，根据本《导则》表2的要求，围绕"四个力"逐一对表打"√"，进行定性表述			

（一）生命力评价

"积极乐观的生活态度""可持续发展的理念""勤劳奋斗的精神"延续至今未曾明显中断，文化基因形态保持稳定。宋代，渔业已初具规模。每年渔汛，江、浙、闽等地的各帮渔船云集在东沙，船至数千，人至数万。作为原始的海上作业"劝力之歌"，渔民号子应运而生，初步形成。随着时间的推移，在海禁时期有所抑制，但开禁后便迅速恢复，随着时间的推移，不断积累并世代相传，保持了强大的生命力。

（二）凝聚力评价

渔民号子是劳动中的"劝力之歌"，具有促进、指导渔业捕捞作业生产的实际效用，因而能够推动地方经济的发展。同

时，它又是音乐、文学作品，在发挥实用性价值的同时，又能起到娱乐、休闲的作用，是当地渔业民俗的重要组成部分，推动了当地文化的发展。

（三）影响力评价

过去，渔民号子在长三角渔业群体中具有广泛的影响力。如今，在党委和地方政府的推动、民间团体的努力下，岱山的渔歌影响力不断扩大，已入选浙江省省级非物质文化遗产。海洋民间口头音乐、文学重现光彩，各类渔歌赛事、实景演出落地岱山，丰富了海洋文化内涵，促进了海岛旅游业的发展。

（四）发展力评价

渔民号子在长三角地区已有一定影响力，作为岱山最具代表性的民间文化，体现了世代渔民的智慧，展现了舟山地区渔业发展的历史轨迹。其文化基因"积极乐观的生活态度""勤劳奋斗的精神"与当代精神追求和价值观念相契合，具有创造性转化、创新性发展的前景。

三、核心基因保存

"丰富的渔场资源和悠久的渔业史""以苦为乐的积极生活态度""勤劳、务实的渔民精神"作为渔歌唱晚的核心基因，文字资料保存在中共舟山县委宣传部编《舟山渔歌选》、舟山市民间文学集成办公室编"浙江省民间文学集成"丛书《舟山市歌谣谚语卷》、浙江省岱山县文化广电新闻出版局及浙江省岱山县文学艺术界联合会编《岱山渔歌》、舟山市文化广电新闻出版局编《舟山渔民号子》等，实物材料保存在渔民号子传承基地、渔民号子校园传承教学基地等保护传承场所。

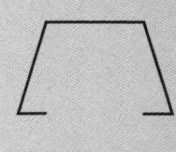

岱山三大文化古遗址

东海蓬莱　岱山文化基因

岱山三大文化古遗址

岱山三大文化古遗址为北畚斗遗址、大舜庙后墩遗址和孙家山遗址，均为新石器时期遗址。三大文化古遗址发掘面积大、出土文物数量多，为研究海岛地区人类活动提供了丰富史料。

北畚斗遗址

北畚斗遗址地处浙江省舟山市岱山县东沙镇东沙社区念母岙北畚斗水库北坡下，面积大约为2000平方米，现遗址大部分因窑厂挖土后而成池塘。1983年，该遗址出土过新石器时代的石斧、石锛、釜、器盖、鼎足等；出土的陶片有夹砂红陶和泥质红灰陶,其上纹饰有绳饰和划纹等。据当时文物专家介绍,地下文化层厚1米左右,可确定为新石器时代遗址。该遗址对研究海岛地区人类活动提供了重要史料,于1986年被列为地区(市)级文物保护单位。1988年,立地区(市)级文物保护标志碑。

大舜庙后墩遗址

大舜庙后墩遗址位于浙江省舟山市岱山县岱东镇北峰村,面积约2万平方米,文化层厚约1米。出土的石器有斧、锛、镞,通体磨制;陶片有夹砂红陶、泥质红灰陶和夹炭黑陶,纹饰以素面为主,还有绳纹、划纹、附加堆纹等。物器有鱼鳍形鼎足。出土文物与河姆渡第一文化层至良渚文化相同。该遗址为研究舟山群岛人类活动提供了重要史料。1989年12月12日,该遗址被列为浙江省省级文物保护单位。

孙家山遗址

孙家山遗址位于浙江省舟山市岱山县衢山镇。该遗址发现于1978年,面积约400平方米,文化层厚约1米,先后出土的器物主要有陶器与石器。其中陶器有陶釜、陶鼎、陶盆、陶盘、陶罐、高颈壶等,以夹砂红陶和泥质红灰陶为主,还有少量夹炭黑陶,纹饰以素面为主,火候较高;石器有方形孔斧、柳形石簇、石刀、石纺轮、石犁、石凿、石锛等,均通体磨制,与河姆渡遗址第一文化层及良渚文化出土物相同,属崧泽文化晚期至良渚文化早期,距今约4000年。孙家山遗址是岱山县内出土文物较多的新石器时代遗址,具有重要的研究意义。1988年9月,该遗址被列为岱山县县级文物保护单位。2000年12月,立县级文物保护标志碑。

一、要素分解

（一）物质要素

1. 规模庞大的三大遗址

三大遗址规模庞大。北畚斗遗址地处浙江省舟山市岱山县东沙镇东沙社区念母岙北畚斗水库北坡下，面积大约为2000平方米。孙家山遗址位于浙江省舟山市岱山县衢山镇，面积约400平方米。大舜庙后墩遗址位于浙江省舟山市岱山县岱东镇北峰村，东至林家山下道路，南至机耕路，西至泥峙公路，北至机耕路，四周分别立界桩，面积约2万平方米，文化层厚约1米。

2. 新石器时代人类活动的证据

三大遗址为岱山地区新石器时代人类活动提供了证据。据当时文物专家介绍，三大遗址的地下文化层厚1米左右，可确定为新石器时代遗址。三大遗址为研究海岛地区人类活动提供了重要史料，先后被列为文物保护单位，并立文物保护标志碑。

3. 出土文物数量大、种类多

出土文物数量大、种类多。三大遗址出土的器物主要有陶器与石器，其中陶器有夹砂红陶、泥质红灰陶，还有少量夹炭黑陶，纹饰以素面为主，石器有石斧、石簇、石刀、石纺轮、石犁、石凿、石锛等。

（二）语言和象征符号

海岛地域特色鲜明的图样纹理

大舜庙后墩遗址出土可辨器形的器物有鱼鳍形鼎足，陶片上有绳纹、划纹、附加堆纹等，体现出鲜明的海岛地域特色。

二、核心基因提取与评价

基于对材料的全面、深入分析，得出本文化元素的核心基因表述为："新石器时代人类活动的证据""海岛地域特色鲜明的图样纹理"。

岱山三大文化古遗址核心文化基因评价依据

评价项目	评价因子	评价依据（特点）	是否
生命力评价	文化基因存续的时间	自出现起延续至今，未曾明显中断	
		自出现起延续至今，但多次衰微、中断后复兴	
		曾明显衰败，改革开放后开始复兴或历史溯源关键环节缺失，难以考证	
		文化形态主体已灭失，现存部分痕迹	√
	文化基因的稳定性	在发展过程中保持相当稳定的状态	
		在发展过程中存在明显的精神内涵、表现形式剧变	√
凝聚力评价	文化基因的凝聚力及社会动员效果	曾广泛凝聚起区域群体的力量，显著推动过社会经济文化的发展	
		曾部分凝聚起区域群体力量，对社会经济文化的发展产生过影响	√
		凝聚过力量，创造过实际的发展动能，但未见对社会经济文化发展产生显著改变	
		仅在历史文献或口耳相传中存在，未见实际介入社会经济发展	

续表

评价项目	评价因子	评价依据（特点）	是否
影响力评价	辐射的范围	具有全国性、世界性的影响力	
		具有长三角区域、浙江省影响力	
		具有市县、乡镇影响力	√
	提炼的高度	已经被古代文人士大夫和（或）当代学者提炼为精神符号和理念理论	√
		单纯的样式、造型、工艺技术规范	
发展力评价	与当代精神追求和价值观念的契合	传统文化基因得到创造性转化、创新性发展；区域革命文化基因被完整继承、广泛弘扬；区域社会主义先进文化基因成为与浙江"三个地"相适应的文化高地	
		部分转化、部分弘扬、部分发展	
		难以转化、难以弘扬、难以发展	√

说明：基因特点评价是对解码出来的基因，根据本《导则》表2的要求，围绕"四个力"逐一对表打"√"，进行定性表述

（一）生命力评价

"新石器时代人类活动的证据""海岛地域特色鲜明的图样纹理"文化形态主体已灭失，现存部分痕迹。目前，三大遗址出土了大量陶器、石器，虽然其文化基因在发展过程中存在明显的精神内涵、表现形式剧变，但也为文化形态主体提供了一定的痕迹和研究的依据，体现出一定的生命力。

（二）凝聚力评价

三大遗址的发现将岱山人类活动历史推进到新石器时代，增加了岱山的历史文化深度、厚度，助推了岱山的教育、科研、旅游事业。"新石器时代人类活动的证据""海岛地域特色鲜明的图样纹理"带有明显的海岛文化特色，为研究舟山群岛人

类活动提供了宝贵的资料，具有重要的历史价值，在一定程度上能够广泛凝聚起区域群体的力量、推动社会经济文化的发展。

（三）影响力评价

"新石器时代人类活动的证据""海岛地域特色鲜明的图样纹理"具有市县、乡镇的影响力，在岱山乃至舟山具有较高的知名度，为研究舟山群岛人类活动提供了宝贵的资料，意义重大，目前已被当代学者提炼为精神符号和理念理论。

（四）发展力评价

"新石器时代人类活动的证据""海岛地域特色鲜明的图样纹理"因文化形态的灭失，存在一定的转化难度，但是丰富的出土遗物在地域文化研究、文化普及、文旅结合发展等领域，依然具有广阔的发展前景。比如，当地出土的石斧、石锛、石簇、陶片等均带有鲜明的海岛地域特色，在岱山教育、科研、旅游等部门还有较大的发展潜力。

三、核心基因保存

　　"新石器时代人类活动的证据""海岛地域特色鲜明的图样纹理"作为岱山三大文化古遗址的核心基因,实物材料保存为北畚斗遗址、大舜庙后墩遗址、孙家山遗址,分别位于东沙镇东沙社区念母岙、岱东镇北峰村、衢山镇皇坟社区皇坟村。

岱山传统渔船建造习俗

东海蓬莱　岱山文化基因

岱山传统渔船建造习俗

在岱山，海岛人民世代以捕鱼为生，终身与渔船为伴。久而久之，在岱山形成了专门打造渔船的传统制造业，也孕育出丰富多彩的造船习俗。

旧时，海岛岱山的渔民尊称渔船为"木龙"，传统的造船规矩很多，主要有以下几个：

一是在造船开工前，船主先要拣一个黄道吉日开工，开工这一天，要用三牲福礼供祭，置办酒席，请大木师傅（造船工匠）坐上座，送上"纸包钿"。仪式结束后，师傅开始制作船体。造船工序比较复杂，有上龙盘、上梁头、铺底板、上烟桅、竖斗颈、铺满堂板、上蒙头龙颈、压廊、上合案、起壁壳、挑水板、铺舱板上桅杆、装帆、上舱、上漆、画眼、下水等工序。

二是在新船船壳打造好后，大木师傅用上好的木料，精制一对船眼，钉在船头两侧，叫"定彩"。仪式很隆重，要请阴阳先生择定一个吉日良辰，并按金木水火土五行，用五色丝线扎在新船眼珠的银钉上，由船主将它钉在船头，然后用簇新的红布条或红纸将眼蒙住，叫"封眼"。当新船下水时，鞭炮、锣鼓齐响，船主再亲自将"封眼"的红布条或红纸揭掉，叫"启眼"，船就可以睁着眼睛下水了。

三是安装船"活灵"，俗称"水活灵"。在新船的骨架刚搭成时，大木师傅用一块小木头，挖个小孔，里面放进铜板、铜钱或银元等物，表示船的灵魂。"水活灵"被安装在水舱里，也有说法是船为木龙，龙行于水，船"活灵"在水中，就是活的生命了。旧时认为，船有眼，有活力才能战胜险难，渡过难关。

四是在船后舱安一个专供"船官老爷"的"圣堂舱"，把"船官老爷"供奉其中，以保佑船只人员平安。

旧时，船匠打造渔船都要先制作船模作为船样。于今，工匠们制造的各种船模，外形及内部结构严格按照实船，尺寸按比例缩小，真实地呈现木帆渔船的特征，还原古帆船的风貌，蕴含着丰富的欣赏收藏、社会民俗、造船史等各方面的意义，为传承传统渔船手工技艺、建设海洋文化发挥了重要作用。

一、要素分解

（一）物质要素

1. 独特的海洋环境

岱山位于中国东部沿海的舟山群岛，拥有广阔的海域和丰富的海洋资源。海洋环境提供了丰富的渔业资源，当地渔民利用这些资源进行捕捞，形成了独特的渔村文化和生活方式，人们以渔为生。岱山濒临东海，境内有四大渔场，资源丰富，素有"渔盐之利、舟楫之便"之称。

2. 种类繁多的制作材料和工具

传统渔船的制造材料包括樟树、杉树、油木、小竹等。

制作渔船所需的工具通常是多样化的，这些工具不仅要适用于造船的各个阶段，还要能够满足不同种类渔船的建造要求。以下是一些传统制造渔船用到的工具：

基础工具：锤子、钉子、锯子和斧头等。这些都是造船时必需的手工工具。

测量工具：精确测量在造船工艺中非常重要，所以直尺、卷尺、角度尺等测量工具和标记工具是不可或缺的。

雕刻和形状工具：用于雕刻木材和赋予结构形状的工具，如刨子、凿子等。

涂装工具：保护渔船免受海水腐蚀和提高船体美观的涂料，

及其涂装用的刷子等。

3. 种类丰富的渔船

岱山地处浙江省东部的舟山群岛，拥有悠久的渔业历史，因此那里的渔船种类繁多，形态各异。传统上，这些渔船以木质为主，适合不同的海洋条件和捕捞方式，如近海捕捞、远洋捕捞等。在岱山，小型的划艇通常用于近海或沿岸的小规模捕鱼；中型的帆船能够在较远的海域进行作业；大型的机动渔船具备现代化的捕捞设备，能够在更广阔的海域进行长时间的捕捞作业。这些渔船不仅仅是捕鱼工具，也承载着岱山渔民的生活方式和文化。渔船上常常绘有各种吉祥的图案和文字，如龙、凤、神话故事人物和福、寿等字样，旨在为渔民祈求平安和丰收。随着时间的推移，虽然现代化的渔船越来越多，但在岱山一些地区，传统木船仍然被使用，它们不仅用于捕鱼，也用于旅游和文化展示，让游客体验传统渔业的魅力。岱山举办的各种渔民节和海洋文化活动也展示了当地渔船的多样性，包括船模比赛、航海技能展示等，这些活动为当地居民和游客提供了深入了解岱山渔业文化的机会。这些丰富多彩的渔船是岱山海洋文化的重要组成部分，是该地区历史与现代生活方式交织的生动证明。

（二）精神要素

1. 对平安、富足生活的向往

在造船的相关习俗中，拣黄道吉日开工、制作"船眼"、开启"船眼"、安装船"活灵"、供"船官老爷"等习俗都代表了船主、水手对出海捕鱼能平安返回的祈求，也寄托了他们希望通过渔业捕捞养家糊口、过上安定生活的美好愿望。

2. 善于学习、创新的精神

岱山渔民仿制海盗的滑行工具，并根据当地海涂较多的地质特征加以改造，制造出了弹涂船。弹涂船用于运送物资、捕捞，充分体现了岱山人善于学习、创新的精神。

（三）制度要素

纯熟的渔船打造技艺

渔船打造有一系列流程，包括设计制图，选择相应的材料，放样，取材，船体组合制作，船上附属设施，上油漆等。

（1）划舢渡船制作

划舢渡船是近海作业的最小捕鱼工具，历史悠久，在秀山已有300多年历史。相传，这种渔船在清康熙皇帝同意人们来舟山群岛定居时就有，一直沿用到现在。不同的是，以前渔船下海用篷、橹、桨行驶，现在都改用柴油机了。

打造一艘划舢渡船共需1立方米优质杂树和杉板。划舢渡船长7—8米，宽1.5米，高70—80厘米，头比中间高，用板厚度约2.8厘米，底面宽度一样。木材备足后开始造船。

选择一块近海的平地，放2根大木，主龙骨下面垫上平石条或平的方木条，在主龙骨上面放列有序的袅（桅杆），使其前高后低，前狭后宽，然后将杉树板一块块拼钉在每只袅外面（每只袅有一块梁板）。船架搭起后，船匠把用桐油、石灰搅成的网纱饼（木质渔船船体缝隙的填料）用挣凿挣进板缝中，用铲钉和成缝钉交叉钉牢。在船匠做缝的同时，小木师傅在船内安装后舵盘，外围也由船匠师傅挣垫结实。一切工序完成后，船老板挑日子放炮仗，请财神，做羹饭下水。新渔船放到海滩上，大木师傅又做舵、桅、橹、桨，铁匠师傅打造锚，绳索师傅打造各类缆、绳，篷匠师傅做篷，与此同时，老板购置渔网、渔具。一切就绪后，方可下海捕鱼。

由于划舢渡船只能近海捕鱼、拖虾、张网，因此多为一户一艘，每年需大修一次，小修数次，修修补补，使用20年左右报废。中华人民共和国成立后，这种小渔船也在合作化时相继入社，后转入渔业大队，由于集体经济的发展，渔业大队开始使用机帆船直至大型渔船、渔轮作业，这种小船也随之淘汰。

材料：杉树、各类杂树、桐油、石灰、绳、大小梁钉、铲钉、网线。

工具：剪刀、锯、木斧、凿、千斤顶。

用途：捕鱼、捕虾、捕蟹、张网、渡人、运货。

行规：一般不向外人传授。

习俗：造船工序完成后，船老板

挑日子放炮仗，请财神，做羹饭下水。

（2）直勒船制作

直勒船是近洋作业的小型船只，船宽与划舢渡船差不多，长度比划舢渡船长2—3米，船头有水角，船桅用平篷。橹桨也与划舢渡船一样。相传，这种渔船在清康熙皇帝同意人们来舟山群岛定居时就有，一直沿用到现在。

打造一艘直勒船需要1.5—1.7立方米优质杂树和杉树。直勒船一般船长10米左右，宽1.8—2米（船头尖、船尾稍狭，高1米左右，中间最低，船尾比中间略高，船头再高点）。船板厚度约3厘米，船头有头颈。底板放好后，钉鸟，竖头颈，再将船板钉在每只鸟上和头颈上，船底略圆，两边钉上"榬"，船边上加2—3根玉勒，船后仓有小壁壳，可避雨。

船匠把桐油、石灰搅成的网纱饼用挣凿挣进板缝中，用铲钉和成缝钉交叉钉牢。在船匠做缝的同时，小木师傅在船内安装后舵盘，外围也由船匠师傅挣垫结实。新渔船放到海滩上，大木师傅又做舵、桅、橹、桨，铁匠师傅打造锚，绳索师傅打造各类缆、绳，篷匠师傅做篷，与此同时，老板购置渔网、渔具。一切就绪后，方可下海捕鱼。

直勒船历史悠久，从舟山有人居住开始就有此船，已有300多年历史。目前，秀山的直勒船已不多见。

材料：杉木、樟木、各类杂树、桐油、石灰、绳、大小梁钉、铲钉、网线。

工具：剪刀、三脚木马、千斤顶、斧头、榔头、凿、木钻、刨、锯。

用途：只用来捕黄鱼、鳓鱼等。

习俗：造船工序完成后，船老板挑日子放炮仗，请财神，做羹饭下水。

（3）稻篷船制作

稻篷船有大、小两种，小稻篷船比直勒船大一点，大稻篷船载重量可达5000千克，既可作为近洋捕鱼船，也可作为小型运输船。稻篷船是海岛常用的渔运船只。小稻篷船用平篷，大稻篷船也可用绰篷。相传，这种渔船在清康熙皇帝同意人们来舟山群岛定居时就有，一直沿用到现在。

打造一艘稻篷船需要2.2—2.5立方米优质樟树和杉树及各种杂树。船长12米左右，宽2.3米左右，高1.3—1.5米（船头尖、船尾稍狭，高1米左右，中间最低，船尾比中间略高，船头再高点）。船板厚度约4厘米，船头有头颈。底板放好后，钉鸟，竖头颈，再将船板钉在每只鸟上和头颈上，船底略圆，两边钉上"榥"。船匠把桐油、石灰搅成的网纱饼用挣凿挣进板缝中，用铲钉和成缝钉交叉钉牢。在船匠做缝的同时，小木师傅在船内安装后舵盘，外围也由船匠师傅挣垫结实。新渔船放到海滩上，大木师傅又做舵、桅、橹、桨，与此同时，老板购置渔网、渔具，一切就绪后，方可下海捕鱼。

稻篷船历史悠久，距今已有300多年历史。现已少见。

材料：杉木、樟木、各类杂树、桐油、石灰、绳、大小梁钉、铲钉、网线。

工具：剪刀、三脚木马、千斤顶、斧头、榔头、凿、木钻、刨、锯。

用途：具有季节性，到了专门捕鱼的季节，就用来捕黄鱼、鳓鱼等。过了季节就用来装货运输等。

行规：一般不向外人传授。

习俗：造船工序完成后，船老板挑日子放炮仗，请财神，做羹饭下水。

（4）弹涂船

相传，弹涂船在清光绪年间，由秀山凉帽山村民在海涂里捕捉弹涂鱼的过程中所创制，后一直代代相传至今，并发展到本地和外地其他村落。之后，也有年轻人在劳动之余，把弹涂船作为在海涂上追逐嬉戏的工具。如今，秀山人古为今用，在发展旅游业和开发海洋文化旅游项目中，挖掘发挥此兰秀文化遗产，以其独特的功能，开创了中国首家以"泥"为主题的滑泥旅游项目，受到广大游客的青睐和喜爱。

弹涂船原有一个不平凡的来历。清嘉庆年间，因秀山岛悬于海中，临海的村落常年遭海盗的侵袭，抢劫岛民财物。当时来袭的海盗为便于快速逃退，将海盗船停泊在海涂之外，而用特制的能在海涂单人滑行的形如现今"弹涂船"的滑行工具，快速上岸进村行劫，以便行劫后，尤其是在被发现或追赶时逃离。有一次，秀山岛民在抗击一股海盗的追捕中，捉住了一个海盗，并缴获了此滑行工具，后借以仿制，作为防盗、御盗、抗盗的反击工具。岛民有了这一"先进"的工具，从此，入侵的海盗屡遭惨败，再也不敢来岛上侵袭了。后来，沿海涂的秀山岛民还将此工具用于在海涂上滑行运物等,并由凉帽山人改造为捕捉弹涂鱼的工具。

弹涂船是用木头、木板等材料加工制成的。它窄长,其形体像小木船,是在海涂上捕捉弹涂鱼的工具。该船体长1.7—1.8米,头部、尾部狭(头部比尾部狭),中部宽30—50厘米,船舷高10厘米左右(即船舱的深度)。船体的中部在船舷内设置"撑杵",作为人在滑行时扶手操作的部件。船舱内可装运"弹涂竹管"、小鱼箩等捕捉工具及其他物件。船舷的两边外沿还有一个特殊的结构,是用海泥制作的假鱼洞,叫作"做窝子"。船底板的制作最为讲究,它是用一块厚木块制成,有一定"椭圆度"和"跷势",以达到行驶轻巧、快捷的目的,能前进、倒退,还能横靠。

弹涂竹筒,是弹涂船的配套工具,是秀山岛民为捕捉弹涂鱼而制作的捕捉工具。弹涂竹筒是用特有的竹子做成的诱捉弹涂鱼的假弹鱼洞,每根弹鱼竹管长约20厘米,管子口径3—4厘米,有底无盖(一头通)。捕鱼人把此"假洞"预先插在海涂上弹鱼洞的旁边,再在原弹鱼洞上放上用海泥制成的假洞遮住原洞。等弹涂鱼出洞在海涂上觅食和活动时,捕捉人驾驶着弹渔船进行快速追赶,这时弹涂鱼慌张逃窜,误入假洞,成了"瓮中之鳖"。捕捉人利用这一预设的假洞,取出预先放置的弹鱼竹管,取得猎物。

二、核心基因提取与评价

基于对材料的全面、深入分析,得出本文化元素的核心基因表述为:"独特的海洋环境""善于学习、创新的精神""纯熟的渔船打造技艺"。

岱山传统渔船建造习俗核心文化基因评价依据

评价项目	评价因子	评价依据(特点)	是否
生命力评价	文化基因存续的时间	自出现起延续至今,未曾明显中断	√
		自出现起延续至今,但多次衰微、中断后复兴	
		曾明显衰败,改革开放后开始复兴或历史溯源关键环节缺失,难以考证	
		文化形态主体已灭失,现存部分痕迹	
	文化基因的稳定性	在发展过程中保持相当稳定的状态	√
		在发展过程中存在明显的精神内涵、表现形式剧变	
凝聚力评价	文化基因的凝聚力及社会动员效果	曾广泛凝聚起区域群体的力量,显著推动过社会经济文化的发展	
		曾部分凝聚起区域群体力量,对社会经济文化的发展产生过影响	√
		凝聚过力量,创造过实际的发展动能,但未见对社会经济文化发展产生显著改变	
		仅在历史文献或口耳相传中存在,未见实际介入社会经济发展	

续表

评价项目	评价因子	评价依据（特点）	是否
影响力评价	辐射的范围	具有全国性、世界性的影响力	
		具有长三角区域、浙江省影响力	
		具有市县、乡镇影响力	√
	提炼的高度	已经被古代文人士大夫和（或）当代学者提炼为精神符号和理念理论	
		单纯的样式、造型、工艺技术规范	√
发展力评价	与当代精神追求和价值观念的契合	传统文化基因得到创造性转化、创新性发展；区域革命文化基因被完整继承、广泛弘扬；区域社会主义先进文化基因成为与浙江"三个地"相适应的文化高地	
		部分转化、部分弘扬、部分发展	√
		难以转化、难以弘扬、难以发展	

说明：基因特点评价是对解码出来的基因，根据本《导则》表2的要求，围绕"四个力"逐一对表打"√"，进行定性表述

（一）生命力评价

"独特的海洋环境""善于学习、创新的精神""纯熟的渔船打造技艺"延续至今未曾明显中断，文化基因形态保持稳定。岱山的造船史可溯至远古时期，此地"出门见海"，陆－岛、岛－岛之间的水上交通，依靠舟渡。从古至今，渔民凭借自己的智慧和力量，把原先的木帆船，逐渐发展为机帆船、钢质渔船，形成了强大的渔船制造业，也孕育了丰富多彩的造船习俗，从初创便延续到现在，并不断发展优化。

（二）凝聚力评价

船在海岛渔民的日常生活中，不仅仅是交通工具，而且是赖以生存的生产工具。所以，渔民对船百般呵护，爱护备

至。渔民为自家拥有船只而备感自豪。如今，传统渔船在发展旅游业和开发海洋文化旅游项目中，受到广大游客的青睐和喜爱。可见，传统的技术与现代社会娱乐的完美结合，可以推动地方经济和文化的共同发展。"独特的海洋环境""善于学习、创新的精神""纯熟的渔船打造技艺"能够广泛凝聚起区域群体的力量、推动社会经济文化的发展。

（三）影响力评价

造船是人类向海洋进军，挑战大自然的象征，早在新石器时期，海岛先民就有"刳木为舟，剡木为楫"的行为。岱山经过明清海禁，鱼类资源得到了保护，尤其是岱衢洋渔场的黄鱼等渔业资源十分丰富。康熙二十七年（1688）后，江、浙、闽、沪渔民进入岱衢洋捕捞大黄鱼，岱山东沙、衢山日渐成为著名渔港。各地形态各异的渔船云集在渔港，岱山成为渔船的世界，孕育了多彩的造船习俗。因此，"独特的海洋环境""善于学习、创新的精神""纯熟的渔船打造技艺"具有市县、乡镇的影响力，已经被古代文人士大夫和当代学者提炼为精神符号和理念理论。

（四）发展力评价

岱山濒临东海，境内有四大渔场，渔业资源丰富。渔船是海洋渔业的基本生产工具。在岱山地区，目前还流传着各类渔船，以及划舢渡船、直勒船、稻篷船、弹涂船等小船的建造技艺和习俗，成为地方文化和旅游的重要展示窗口和传承载体。因此，其核心基因"独特的海洋环境""善于学习、创新的精神""纯熟的渔船打造技艺"与当代精神追求和价值观念相契合，能够较好地转化、弘扬、发展。

三、核心基因保存

"独特的海洋环境""善于学习、创新的精神""纯熟的渔船打造技艺"作为岱山传统渔船建造习俗的核心基因,实物材料弹涂船、稻篷船、直勒船、划舢渡船保存在中国海洋渔业博物馆。

岱山风筝

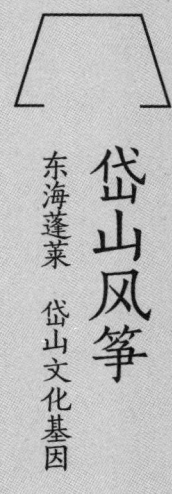

东海蓬莱　岱山文化基因

岱山风筝

风筝在我国已有 2000 多年的历史，据说汉朝大将韩信曾利用风筝进行测量。从唐朝开始，风筝逐渐变成玩具。到了晚唐，风筝上已有用丝条或竹笛做成的响器，风吹声鸣，因而有了"风筝"的名字。清康熙二十七年（1688）后，随着岱山岛开禁，岱山民间逐渐出现风筝制作与放飞活动。当时，风筝的制作工艺比较简单，造型粗糙，规格较小，主要代表作有花鱼鹞、瓦片鹞、判官老爷鹞等硬翅类风筝。清末至民国年间，风筝的大小、样式、扎制技术、装饰等都有了超越前代的巨大进步。当时的文人亲手扎绘风筝,将戏剧人物、才子佳人、神话故事中的人物等放在天空。除自己放飞外,风筝还用于赠亲友,放风筝被认为是一种极为风雅的活动。二十世纪五六十年代,岱山岛一批渔村牧童、读书郎、打鱼团成为风筝制作与放飞的主力军。改革开放以后,龙鹞、蜈蚣鹞等一批串翅类风筝相继涌现,放风筝开始作为体育运动项目和健身娱乐活动普及起来,岱山的风筝运动得到了长足的发展。

每年早春二月、春寒料峭之时,岱山人就进入制风筝、放风筝的时节,一直持续至重阳节后的深秋。岱山县岛上夏无酷暑,冬无严寒,日照充足,有着丰富的海洋资源与风力资源,下辖的乡镇均有大片的沙滩和空旷场地,如岱东镇的鹿栏晴沙、秀山乡的沙滩群,以及衢山镇的双龙沙滩等,都是放飞风筝的理想之地。近年来,鹿栏晴沙每年举办各类风筝赛事,岱山军用飞机场也曾举办过风筝大赛。

刘振堂在《风筝运动与全民健身》中提到"放风筝要用手、腕、肘、臂、腰、腿、足等人体各个部位,使全身得到锻炼"。风筝运动在我国是一项古老的民俗体育,蕴含了丰富的文化内涵。放风筝作为一种体育项目,不仅能增强人的体质,还能调节人的心

情，帮助人们陶冶情操，净化心灵。在这点上大多数文献资料观点一致，戴东建和周道平在《风筝运动与潍坊体育旅游发展研究》中提到，风筝运动不仅能增强人的体质，使人们的情感得以抒发，还有利于人际交往，能促进社会的和谐。风筝运动在我国出现较早，能给人们带来健康及精神享受，同时风筝运动的文化内涵随着历史文化的变迁逐渐丰富，具备健身价值、审美价值、社会文化价值、经济价值等。

一、要素分解

（一）物质要素

1. 适宜放风筝的地理环境

岱山作为一个海岛县，有着放风筝的天然地理优势。这里的海岸线曲折，有许多开阔的沙滩和广场，非常适合放风筝。而且岱山的气候四季分明，特别是春、秋两季，风力适中，非常适合户外活动，每年还有风筝节等活动。放风筝不仅起到很好的体育锻炼作用，还使人们获得更好的休闲娱乐享受。

2. 源远流长的风筝文化

大约在清朝时期，岱山县出现了风筝，当时，风筝仅仅是小孩子用来玩耍的玩具而已，在造型和大小上比较单一。随着风筝文化的不断发展，到大约清朝末年，风筝的大小、样式、扎制技术、装饰等都有了超越前代的巨大进步。清康熙二十七年（1688）后，随着岱山岛开禁，岱山民间逐渐出现风筝制作与放飞活动。1993年，岱山举办全县首届风筝比赛，给岱山悠久的风筝放飞活动增添了新的活力。2010年至今，岱山风筝运动进入高潮，相继举办了浙江省体育大会风筝比赛、中国·岱山国际海岛运动风筝邀请赛暨全国风筝锦标赛、中国·岱山国际海岛运动风筝邀请赛暨全国风筝总决赛等大型赛事，吸引了国内外许多风筝爱好者。

（二）制度要素

1.严谨精细的制作流程

做一只风筝，一般要经过设计、选料、整形、绑扎裁剪、绘画、装配、拴脚线、试飞等多道工序，既需要优质的制作材料，又需要制作者精工细作。其主要工艺过程概括如下：

（1）选料。（2）加工。首先将竹篾浸水，使竹篾变软，再用刀将竹篾剖为约三分之一粗度，然后修形，再将竹篾贴在纸上，然后慢慢屈曲，直至长竹篾两端触到纸的对角之上，将它贴好。最后，将风筝的尾巴贴在下方。（3）裱糊。（4）绘画。

工具材料：（1）用来扎制风筝骨架的材料有毛竹、藤白木条、芦苇和云杉木条等。（2）糊风筝的材料应富有弹性和韧性，如娟、桑皮纸、宣纸、高丽纸、皱纹纸等。（3）主要的黏合剂有面粉糨糊、合成胶水、白乳胶等。

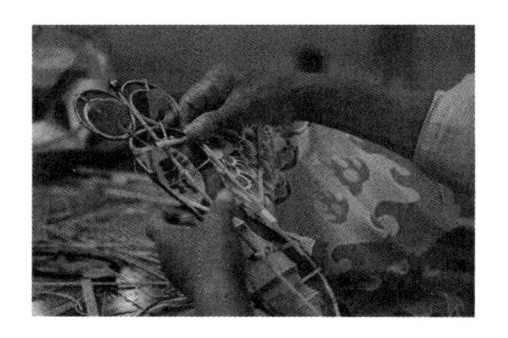

（4）纸刀。

2.兼具体育锻炼和娱乐功能

风筝运动不仅是一种愉悦心情的娱乐方式，也是一项能够锻炼身体的户外活动。当人们在广阔的天空中放风筝，他们需要运用和协调全身的肌肉，尤其是手臂、肩膀和躯干，以控制风筝在空中飞行。这是一种体力和技巧的锻炼。在风筝上升和操控过程中，风筝手需要不断调整风筝线的松紧，这要求他们有良好的判断力和反应速度。此外，风筝飞翔时的牵引力还能够加强手臂和上半身的力量。放风筝通常是在户外进行的，这意味着风筝手会在运动的同时呼吸新鲜空气，享受自然光照，这对身体健康非常有益。放风筝也是一种社交活动，能够促进家庭和朋友之间的交流，增强人际关系。在风筝节等公共活动中，不同年龄和背景的人聚集在一起，分享他们的风筝设计，展示风筝的放飞技巧，甚至进行友好的竞赛，增添了放风筝活动的乐趣。所以说，放风筝是一种既能促进身心健康，又能提供娱乐和社交机会的多功能活动。在岱山这样有着良好风筝文化和风力条件的地方，放风筝尤其受到人们的喜爱。

（三）语言和象征符号

1. 绚丽的风筝色彩

岱山风筝绚丽多彩，体现了中国传统色彩运用的智慧和美学。在风筝制作中，色彩不仅用来增加视觉上的吸引力，还用来传达特定的文化意义和情感。通常，岱山风筝会使用对比鲜明的色彩，如红色和金色，这在中国文化中代表着幸福和财富。蓝色和绿色通常用来表现宁静和生命力，而白色则可以代表纯洁和高尚。这些色彩的搭配不仅仅为了美观，还因为它们所承载的吉祥含义，在风筝节等庆典活动中尤为重要。风筝的色彩设计也反映了岱山地区的自然环境和社会文化。例如，海洋和渔业是当地重要的特色，因此蓝色和绿色等代表海洋和大自然的色彩在风筝设计中使用得较多。同时，由于岱山地区春、秋季节风力适宜，风筝在阳光下飞翔时，其色彩的鲜明对比和丰富层次，为岱山的天空增添了无限生机和活力。此外，随着现代印刷和染色技术的发展，岱山的风筝艺术家们在保持传统手工艺的基础上，也开始尝试使用更多种类的颜料和染料，这让风筝的色彩更加丰富和持久，同时也使风筝的图案更加细腻和生动。这样的色彩运用使得岱山的风筝不仅在国内，而且在国际上也享有盛誉，成为传播中国传统文化和艺术的美丽使者。

2. 丰富的图形样式

岱山风筝以其丰富的图形样式而闻名。这些图样不仅仅是视觉上的装饰，而且往往还蕴含着丰富的文化意义和祝福。例如，常见的龙和凤凰图案代表着吉祥和权力，而鱼和莲花图案则象征着富裕和纯洁。这些图样使每一只风筝都独特而具有象征意义，也反映了地方的艺术风格和手工艺水平。在传统的制作过程中，工艺师会精心选择材料，使用竹子制作风筝的骨架，然后用纸或绸布来完成风筝的表面。风筝的表面经常会被精心绘制，颜色鲜艳，图案生动，展现了工艺师的高超技艺和对美的追求。

二、核心基因提取与评价

基于对材料的全面、深入分析,得出本文化元素的核心基因表述为:"适宜放风筝的地理环境""兼具体育锻炼和娱乐功能""绚丽的风筝色彩和丰富的图形样式"。

岱山风筝核心文化基因评价依据

评价项目	评价因子	评价依据(特点)	是否
生命力评价	文化基因存续的时间	自出现起延续至今,未曾明显中断	√
		自出现起延续至今,但多次衰微、中断后复兴	
		曾明显衰败,改革开放后开始复兴或历史溯源关键环节缺失,难以考证	
		文化形态主体已灭失,现存部分痕迹	
	文化基因的稳定性	在发展过程中保持相当稳定的状态	√
		在发展过程中存在明显的精神内涵、表现形式剧变	
凝聚力评价	文化基因的凝聚力及社会动员效果	曾广泛凝聚起区域群体的力量,显著推动过社会经济文化的发展	√
		曾部分凝聚起区域群体力量,对社会经济文化的发展产生过影响	
		凝聚过力量,创造过实际的发展动能,但未见对社会经济文化发展产生显著改变	
		仅在历史文献或口耳相传中存在,未见实际介入社会经济发展	

续表

评价项目	评价因子	评价依据（特点）	是否
影响力评价	辐射的范围	具有全国性、世界性的影响力	√
		具有长三角区域、浙江省影响力	
		具有市县、乡镇影响力	
	提炼的高度	已经被古代文人士大夫和（或）当代学者提炼为精神符号和理念理论	
		单纯的样式、造型、工艺技术规范	√
发展力评价	与当代精神追求和价值观念的契合	传统文化基因得到创造性转化、创新性发展；区域革命文化基因被完整继承、广泛弘扬；区域社会主义先进文化基因成为与浙江"三个地"相适应的文化高地	√
		部分转化、部分弘扬、部分发展	
		难以转化、难以弘扬、难以发展	

说明：基因特点评价是对解码出来的基因，根据本《导则》表2的要求，围绕"四个力"逐一对表打"√"，进行定性表述

（一）生命力评价

岱山民间放风筝的习俗起源于清康熙年间，并一直延续至今。这是因为岱山气候温暖湿润、海风温和、沙滩面积广阔且质地坚硬，非常适合风筝活动的开展，从而使风筝文化现象保持稳定的发展状态，未曾中断。

（二）凝聚力评价

近年来，岱山以风筝赛为着力点，结合景区优势，打造"风筝村"、风筝基地，举办国际国内风筝赛事，成功地将体育、旅游和文化进行有机结合，发展风筝产业链。游客来岱山不仅可以放风筝，还能体验自己动手做风筝，住风筝主题的民宿。这不仅带动了当地的旅游经济，而且促进了风筝文化、海岛文

化的发扬和传承，因此具有强大的社会凝聚力。

（三）影响力评价

在中国风筝界有"北有潍坊、南有岱山"的说法，可见岱山风筝已享誉国内。2010年至今，岱山相继举办多次大型赛事，使国内外风筝爱好者及专家齐聚岱山。2014年，岱山县被中国风筝协会授予中国风筝放飞场荣誉称号。如今，岱山俨然已成为具有国内影响力的海岛风筝运动基地。

（四）发展力评价

千百年来，岱山县一直保持着风筝制作、风筝放飞的民间传统，且拥有"华东第一滩"鹿栏晴沙的绝好基地。同时，岱山自古有"蓬莱仙岛"之称，自然景观与人文景观并茂，绿岛、瀚海、铁沙、石壁、奇山、潮声与渔村风情融为一体，是滨海观光、休闲度假、海上垂钓的理想胜地。旅游和风筝文化的结合能够带来无穷的发展力。首先，可以加大政府支持力度，细化各部门职责，选择多种互联网媒体平台对岱山海岛风筝进行扩大宣传。其次，扶持风筝传承人，积极储备传承人才，并构建岱山海岛风筝传承人组织，改进传承人相关政策体系，提供完善的培训、奖惩制度等；同时鼓励多元的社会民间力量参与，动员岱山风筝俱乐部、风筝协会组织开展海岛风筝活动，扩大群众基础。再次，重视学校传承，探索岱山海岛风筝与高校合作的创新模式，走出特色校企合作道路，发展不同途径的海岛风筝模式。最后，对外开放学习，借鉴潍坊风筝成功模式，并融入岱山风筝自身的海岛特色，将传统风筝与现代风筝相结合，规范海岛旅游风筝的市场运作。

三、核心基因保存

"适宜放风筝的地理环境""兼具体育锻炼和娱乐功能""绚丽的风筝色彩和丰富的图形样式"作为岱山风筝的核心基因，文字资料保存在段美玲《风筝史料考略》、熊慧娟《海岛旅游开发背景下岱山风筝的传承与发展研究》等文章中，实物材料保存在岱东沙洋社区"风筝村"、岱山鹿栏晴沙景区的风筝俱乐部。

岱山三宝

东海蓬莱　岱山文化基因

岱山三宝

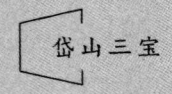

倭井潭硬糕、鼎和园香干、沙洋晒生是传统的"岱山三宝",历来深受岱山人们的喜爱,是岱山地区招待宾客、馈赠亲友的传统美食。

倭井潭硬糕

岱山人大多以用木帆船捕鱼为生,以前以生产软糕为主,由于捕鱼时间较长,须带干粮,而软糕保存时间较短,于是开始对软糕进行改良,制成硬糕。从 20 世纪 80 年代开始,海里的鱼越捕越少,渔民的船越开越远,出海的时间越来越长,木帆船被钢质渔轮代替，硬糕不再是渔民的粮食。现在的长涂倭井潭硬糕作为传统老字号食品，已不再是人们充饥的干粮，它独具一格，别有风味。人们将硬糕赋予一种独特的民俗文化意蕴，取"糕糕（高高）兴兴""步步糕（高）"之意当彩头。

鼎和园香干

民国十三年（1924），戎锦品先生在东沙开设鼎和园，前店后厂，生产经营水作、酱货。为使本店产品在与同行业竞争中取得市场信誉，鼎和园业主在产品质量上下功夫，尤其是生产的香干，以选料上乘、制作精细、风味独特而名扬县内外。中华人民共和国成立后，私营商业进行了社会主义改造，鼎和园并入了公私合营酒酱厂。虽牌号消失，但原鼎和园香干的独特生产工艺已为后人所继承。目前，东沙水作工场生产的香干基本保留了鼎和园的生产特色，深受消费者的青睐，成为人们日常生活之佳品。

沙洋晒生

花生在古代叫"长生果"，生长在岱山岛岱东后沙洋的花生，经煮熟晒干后称"沙洋晒生"。沙洋晒生很有名气，因这儿的花生生长于沙泥湿地，所以尽管遇到干旱的气候，产量也很高。当地农民把收上来的花生经过择洗，在大锅里放适当比例的盐水煮熟，再晒干。晒制后的花生口味香醇，也容易储存，在舟山很有名气，被冠以"小藤花生"和"中藤花生"之名，成为特产。

一、要素分解

（一）物质要素

1. 艰辛的渔业劳动环境

倭井潭硬糕产生于艰辛的渔业劳动环境。江、浙、闽、沪沿海一带人民靠打鱼为生，耐潮耐啃的便携式干粮适于渔民的生产生活方式，因此硬糕成了渔民必备的食品。

2. 优质的制作材料

岱山三宝的制作原材料优质、精细。倭井潭硬糕选用优质糯米、精白糖、上等芝麻等为主辅料；鼎和园香干选用上等黄豆为原材料；沙洋晒生用的花生则是颗颗精选的。优质的原材料和严格的挑选保证了岱山三宝的卓越品质。

（二）精神要素

1. 勤劳、耐苦的渔人精神

倭井潭硬糕是早期渔民在海上劳作时的口粮。渔民在海上捕鱼非常辛苦，有时顾不上烧饭，便在海岛上买些硬糕充饥，渔汛结束时，还买些硬糕带回家，年复一年，倭井潭的硬糕业逐步发展，延续至今。

2. 专注、执着的匠人精神

岱山三宝选料上乘，工艺繁复严谨，历经百年的岁月而发展愈盛，这离不开一代代传承人的专注和执着坚守。

3.文旅融合的创新理念

岱山以打造具有浓郁地方特色的区域品牌形象为目标，通过与旅游、文化的融合，全力提升岱山三宝的知名度。在美丽海岛建设中，以"徐福文化"为主题的新渔农村专门建造了晒生小院，将沙洋晒生与"徐福遗风"相结合，为沙洋晒生增添了文化底蕴；借助微信平台，利用岱山旅游公众号，定期发送"张小农"系列农产品推荐；借力电子商务平台，积极探索新的销售模式，拓宽营销渠道，实现线上线下同时销售，通过文旅融合的理念提高岱山三宝的知名度，推动岱山产业的发展。

（三）制度要素

1.原生态的花生晒制工艺

生长在岱山岛岱东后沙洋的花生，经煮熟晒干后称"沙洋晒生"。

晒生工艺流程：

（1）把刚摘来的新鲜花生用清水洗净（刚摘的花生最好不要过夜，若过夜，花生外壳会变得微黄，味道也会不一样）。

（2）50千克花生放1.25千克白盐、100克明矾，拌均匀。

（3）过3—5小时，上灶煮。火要旺，这样花生一般在40—50分钟后即可出锅。

（4）将出锅的花生拿到太阳底下暴晒，最好每隔2小时翻一次，这样晒出来的花生既无任何色素、激素，又不失原味。

2.精湛、繁复的香干制作工艺

百年的传承积累成就了鼎和园香干精湛的制作工艺。一块优质的鼎和园香干须经精选黄豆、浸泡、磨细、榨浆、点浆、转浆、沥水、裹包、锡片分割、木榨、脱去包布、煮熟、冷却、熬煮、退火、焖、煮沸、沥干、蘸麻油19道工序方可制得。

制作方法：精选优质黄豆，根据不同季节用水浸泡适当时间。一般，夏天浸泡4小时左右，冬天浸泡24小时左右。磨细，榨浆，用盐卤点浆约15分钟后再转浆，用竹箕沥水后成豆腐，然后将豆腐分成小块用净布（香干布）裹包严实，以9块成行，分9行，共81块，整齐排列在香干板上，每块香干的中间放上3厘米×3厘米刻有牌号的锡片。叠成六大板，用木榨榨去水分，脱去包布。先用清水煮熟，捞出冷却后，配以适量的茴香、桂皮、山奈等香料和上等酱油，再煮沸退火，在原汁中焖 20 小时，再煮沸后取出沥干，蘸上麻油即成。

3. 传统、严谨的硬糕制作秘方

倭井潭硬糕，创制于清光绪年间，由一位叫林纪法的黄岩人传入。原先制作黄岩糕的师傅根据当时渔民生产环境和饮食习惯，运用优质糯米、精白糖、上等芝麻等做主辅料，采用两次水蒸、两次烘焙制成硬糕，做此硬糕是一种全凭经验和感觉的手工技艺。从原料淘洗、炒制、磨粉、白糖发酵、配料、印模、蒸制、烤、烘干到包装要经过十几道工序。正是这种复杂古朴的工艺孕育了硬糕独特的风味：鹅黄莹亮、硬而不坚、口味香甜、不粘口齿。倭井潭硬糕被称为"能吃的石头"。

二、核心基因提取与评价

基于对材料的全面、深入分析,得出本文化元素的核心基因表述为:"优质的制作材料""勤劳、耐苦的渔人精神""专注、执着的匠人精神"。

岱山三宝核心文化基因评价依据

评价项目	评价因子	评价依据(特点)	是否
生命力评价	文化基因存续的时间	自出现起延续至今,未曾明显中断	√
		自出现起延续至今,但多次衰微、中断后复兴	
		曾明显衰败,改革开放后开始复兴或历史溯源关键环节缺失,难以考证	
		文化形态主体已灭失,现存部分痕迹	
	文化基因的稳定性	在发展过程中保持相当稳定的状态	√
		在发展过程中存在明显的精神内涵、表现形式剧变	
凝聚力评价	文化基因的凝聚力及社会动员效果	曾广泛凝聚起区域群体的力量,显著推动过社会经济文化的发展	√
		曾部分凝聚起区域群体力量,对社会经济文化的发展产生影响	
		凝聚过力量,创造过实际的发展动能,但未见对社会经济文化发展产生显著改变	
		仅在历史文献或口耳相传中存在,未见实际介入社会经济发展	

续表

评价项目	评价因子	评价依据（特点）	是否
影响力评价	辐射的范围	具有全国性、世界性的影响力	
		具有长三角区域、浙江省影响力	
		具有市县、乡镇影响力	√
	提炼的高度	已经被古代文人士大夫和（或）当代学者提炼为精神符号和理念理论	√
		单纯的样式、造型、工艺技术规范	
发展力评价	与当代精神追求和价值观念的契合	传统文化基因得到创造性转化、创新性发展；区域革命文化基因被完整继承、广泛弘扬；区域社会主义先进文化基因成为与浙江"三个地"相适应的文化高地	
		部分转化、部分弘扬、部分发展	√
		难以转化、难以弘扬、难以发展	

说明：基因特点评价是对解码出来的基因，根据本《导则》表2的要求，围绕"四个力"逐一对表打"√"，进行定性表述

（一）生命力评价

岱山倭井潭硬糕制作工艺始于清光绪年间，距今已有百余年历史。百年来，硬糕从充当渔民出海的充饥干粮发展为著名土特产品，见证了当年长涂港的发展，渔业资源的兴衰。鼎和园香干的制作始于民国十三年（1924），其独特生产工艺流程亦传承至今。因此，"优质的制作材料""勤劳、耐苦的渔人精神""专注、执着的匠人精神"文化基因延续至今未曾明显中断，文化基因形态保持稳定。

（二）凝聚力评价

岱山三宝是当时岱山地区居民和鱼汛期集于岱山海岸的数万渔民所需的可口食品，是渔业经济、商贸经济的发展基

础。因此，其文化基因"优质的制作材料""勤劳、耐苦的渔人精神""专注、执着的匠人精神"曾广泛凝聚起区域群体的力量，推动社会经济文化的发展。

（三）影响力评价

生产倭井潭硬糕的百年老店"老万顺"，被评定为舟山市老字号，同时入选浙江老字号。东沙水作工场生产的香干保留了鼎和园的生产特色，深受消费者的青睐，成为人们日常生活之佳品。沙洋晒生在舟山很有名气，被冠以"小藤花生"和"中藤花生"之名，成为特产。总之，岱山三宝工艺考究，制作精细，在舟山地区已有很高的知名度。因此，其文化基因"优质的制作材料""勤劳、耐苦的渔人精神""专注、执着的匠人精神"具有市县、乡镇的影响力，且已经被古代文人士大夫和当代学者提炼为精神符号和理念理论。

（四）发展力评价

岱山三宝工艺考究，制作精细，在舟山当地旅游产品市场、网络销售平台广受消费者的青睐。岱山三宝的文化基因"优质的制作材料""勤劳、耐苦的渔人精神""专注、执着的匠人精神"与当代精神追求和价值观念相契合，能够较好地转化、弘扬、发展。

三、核心基因保存

"优质的制作材料""勤劳、耐苦的渔人精神""专注、执着的匠人精神"作为岱山三宝的核心基因,实物材料岱山三宝食品、制作工具在岱山县东沙古镇有留存。

岱山土话

东海蓬莱 岱山文化基因

岱山土话

岱山土话，是岱山地区的方言，属吴语。其语言内容、风格以舟山话为主，以慈溪、镇海话为辅，且混合了少量余姚等地词汇。

　　清顺治年间的海禁使岱山岛居民几乎全部迁往大陆，岱山岛变为荒岛。迁往大陆的岱山原住民亦融入当地社会，故在此之前，岱山地区的语言与当前的岱山方言相关性不强。

　　到了康熙二十七年（1688），岱山开禁。清政府诏改"舟山"为"定海山"，开始有组织地向舟山移民。在岱山开禁初期，各地方移民讲着各自家乡的方言。盐区主要以慈溪话、余姚话为主，渔区主要以慈溪话、镇海话为主，农区以慈溪话为主。慈溪话和镇海话都是宁波话的一个支系，两者差异很小，所以两种方言随着时间的推移慢慢地进行了融合，变成了岱山岛的主流方言。然而，余姚话属于绍兴话的一个支系，与慈溪-镇海话差异很大。经过几代的余姚和慈溪、镇海移民通婚，余姚话很快走向了消亡，在岱山话中仅留下了极少量的词汇。在开禁后的300多年里，除了上述地区的移民，其他地区的移民也大量涌入，经过时间的推移，这些移民渐渐也被慈溪-镇海移民所同化，仅留下了少量特有的词汇。

在岱山方言（慈溪-镇海话）初步形成的同时，舟山本岛居民在舟山老话（海禁前居住在舟山的居民所讲的方言）、镇海南部（北仑）话、鄞州话基础上形成了新舟山方言。随着舟山本岛和岱山岛日益密切的经济、文化联系，舟山话对岱山话造成了巨大的影响。

经过300多年的演化，岱山地区就形成了以舟山话为主，以慈溪、镇海话为辅，混合了少量余姚等地词汇的一种特殊的舟山方言——岱山话。

一、要素分解

（一）物质要素

1. 具备渔盐之利的地理环境

岱山县盐业、渔业资源丰富，是江浙地区的主要产盐区、海洋捕捞的主要渔场，尤其以大黄鱼渔场闻名于我国沿海地区。在明清政府的行政安置、渔民主动迁入的大背景下，慈溪、余姚、镇海等地的渔民、盐民涌入岱山，形成了最初糅合慈溪、余姚、镇海等地方言的岱山方言。

2. 政府迁民开荒，促进多地语言融合

清朝时期，清政府从慈溪等地组织了一些贫困的农民到岱山开垦荒山、荒田。在岱山开禁的初期，各地移民讲着各自家乡的方言。盐区主要以慈溪话、余姚话为主，渔区主要以慈溪话、镇海话为主，农区以慈溪话为主。慈溪话和镇海话都是宁波话的一个支系，两者差异很小，所以两种方言随着时间的推移慢慢地进行了融合，变成了岱山岛的主流方言。而余姚话属于绍兴话的一个支系，与慈溪－镇海话差异很大。经过几代的余姚移民和慈溪－镇海移民通婚，余姚话很快走向了消亡，在岱山话中仅留下了极少量的余姚话词汇。在开禁后的300多年里，除了上述地区的移民，其他地区的移民也大量涌入，经过时间的推移，这些移民渐渐也被慈溪－镇

海移民所同化，但是也在岱山话中留下了少量特有的词汇。

这体现了岱山地区先民们和谐共处、文明互鉴的理念。

（二）精神要素
和谐共处、文明互鉴的理念

伴随着海禁放开，江、浙、闽地区的盐民、渔民涌入，他们互通有无，共谋发展，在语言上形成了如今以舟山话为主，以慈溪－镇海话为辅，混合了少量余姚等地词汇的舟山方言，

（三）制度要素
1. 独特的语言文化样式

岱山话基本保持中古汉语平、上、去、入四声，且各分阴、阳，但略有变化，古阳上声归入阳平声，有计阴平、阳平、阴上、阴去、阳去、阴入、阳入 7 个声调。列表如下：

调类	调值	例　　　字
阴平	53	高 天 初 开 仙 师 公 车 山 香
阳平	223	民 和 人 平 云 唐 老 是 网 象
阴上	433	比 手 短 好 古 走 板 扁 顶 孔
阴去	44	四 借 器 盖 变 唱 放 店 炭 送
阳去	13	夜 射 害 病 败 外 地 共 阵 用
阴入	5	急 竹 拍 发 尺 失 质 骨 决 缺
阳入	12	白 麦 物 食 立 毒 入 活 局 目

2. 完整系统的韵母发音规范

岱山话有 43 个韵母（不合辅音自成音节及零声母），其中单韵母 11 个、复韵母 15 个、鼻韵母 10 个、入声韵母 7 个。按开、齐、合、撮四呼和单、复、鼻、入顺序列表如下：

	开　口　呼	齐齿呼	合　口　呼	撮口呼
单韵母	ɿ 朱母 a 矮 ɔ 袄 o 喔 ɛ 哀 e 开母 ʅ 资母 ɸ 团母	i 衣 ia 呀 iɔ 妖 iɛ 也 ie 且母	u 乌 ua 蛙※ uo 蛙 au 弯 uə 碗	y 于 yo 亚 ye 劝母
复韵母	ai 安 au 多母 æɸ 欧	iY 优	uai 威	
鼻韵母	aŋ 镭 ɔŋ 钢母 eŋ 恩 oŋ 翁	iaŋ 央 iŋ 音	uaŋ 横 uɔŋ 汪 ueŋ 温	yoŋ 拥
入声韵母	aʔ 鸭 oʔ 屋 æʔ 质母	iaʔ 约 iɛʔ 壹	uaʔ 挖	yeʔ 郁

3. 完善的辅音发声规范

岱山话有 28 个辅音，清音、浊音各 14 个。除清喉塞音专作入声韵尾外，均可作声母，还可作韵尾。按发音部位、发音方法列表如下：

发音部位	塞音 不送气 清	塞音 不送气 浊	塞音 送气 清	塞擦音 不送气 清	塞擦音 不送气 浊	塞擦音 送气 清	擦音 清	擦音 浊	鼻音 浊	边音 浊
双唇	p	b	p'						m	
唇齿							f	v		
舌尖前				ts	dz	ts'	s	z		
舌尖中	t	d	t'						n	l
舌面				tɕ	dʑ	tɕ'	ɕ	ʑ		
舌根	k	g	k'				x	h	ŋ	

（四）语言与象征符号

极具特色的方言词汇：

1. 团糖：指谈话口无遮拦，嘻嘻哈哈或举止稍有失格的人，多指女性，在有些地方称作"十三点"，与敲乱钟同一含义。

2. 犯关：即指触犯了惯律，将遭受惩罚的意思。民国时期有句顺口溜叫"犯关、犯关真犯关，宣统皇帝坐牢监"，皇帝成了牢犯，这是犯关的最明确的注脚。以前在私塾读书，每天放晚学前都得将当天上过的课文在老师面前背出来，背不出就要"关夜学"，直至背出方能回家。在家里顽皮闯了祸，打破了东西，这遭也犯关，一般是被父母关在屋里不准出去玩，再赏几记屁股。

3.搅七念三：常见于二人发生争执，一人说是这样，另一人说是那样，争执不下，都会说对方"搅七念三"。双方争执为什么叫搅七念三？原来过去商家记数用的是通用的简码，它的一至十的写法是"〡、〢、〣、〤、〥、〦、〧、文、十"。这里的三与"〧"仅点与横的差别，记账时稍有潦草就可能把"〧"与三分辨不清，为此发生争执。

4.触楣头（很多人写成"触霉头"）：是指上门求助或告贷被拒之门外。楣：门楣，门上横木。意即向人求助时还未进这家门，自己的头已撞在门楣上，或称之为"碰了一鼻子灰"。

5.派川头：派，《辞海》解释为水的支流。左思《吴都赋》："百川派别。"川，水道、河流，高山之间一般有川。商家常用一联："生意兴隆通四海；财源茂盛达三江。"财源一如水流，找到源头，钱则滚滚而至，汇集成大财。派川头就是找寻财源之意。

6.看侬勿出货，会寨粒子屙。看侬勿出货，意为原不被看重的突然有超人之举，下句即点明超人之举——会寨粒子屙（寨，岱山土话即拉屎之意）。哪种动物拉的是粒子屙？是羊。整句话的意思是你这人倒蛮像样（像模像样，羊谐音样）。

7.一窠始生：把几件东西放在一起。常说"一窠始生放在什么地方"。又如，一家人一个不缺聚集在一起，旁人也会说：多好一家人一窠始生在一起。"一窠始生"即刚出生的动物，如鸡、猫、狗、猪等，当它们始生时都会在一个窠里，不会出窠，一旦长大会自己觅食，就不会再在一个窠里，只有始生时才会在一起，所以有"一窠始生"的说法。

8.左色左样：两件东西一模一样。这句话典出过去妇女出嫁之前，必须绣制许多嫁妆，诸如枕头、绣花鞋、绣花被面等等，这些绣品又必须成双成对，花样一致，色调一致。绣制时，将已绣好的一只放左手一边，以便绣第二只时做样品对照针法及线色，使至完全相同。因人们大多数较习惯使用右手，样品只能放左边比较方便对照，这就有了"左色左样"的说法。

9.吭搭头：商店出售商品，旧时也有买某一物要搭卖一样滞销商品的。过去岱山一些南货店兼斩猪肉，因猪肝、猪脚、槽头、槽二、猪耳等，吃的人不多，当顾客买大块肉（五六斤以上），店主一般会要顾客搭买些内脏之类。尤其在过年过节时，船家、渔民来买肉，店主会把猪脚、猪头、猪耳、猪舌给搭上，美其名为顺风、元宝、利市、赚头（商人讳蚀，舌与蚀音同，故改称赚头），这样一来顾客也乐意接受。唯有斩槽头肉的决不会再搭什么，因这个部位是杀猪时的进刀处，有槽头、槽二之分，槽二稍好，槽头肉有一股腥味，难煮、味差亦便宜，贫困的人家才买这种肉，因此就有槽头肉吭搭头，以此来讽喻那些不受欢迎、不愿与之合作之人，通常对这样的人会说"这人吭搭头"，看作与槽头肉同，实在辛辣得可以。

10. 六国勿直：做事没主见，说话没准则，把握不定，翻覆折腾，会被人说"怎回事？六国勿直"。这句话的典故就是从苏秦、张仪的合纵、连横的故事中来。为纵横之说，六国不能保持一贯的政策，以致最终被秦所并吞（勿直即勿一贯的意思）。

11. 译易经：有人滔滔不绝，信口雌黄，使人听了厌烦，就会被人说"译易经一样勿晓得讲些啥"。《易经》为五经之一，比较深奥，一般人不易懂，故把讲话使人听不懂的称为"译易经"。

12. 皇命官船：奉皇命出来的官员座船，无论行驶中或停泊于船埠，谁都不可碰撞，民船遇见它都得回避，如不小心碰撞到，必遭责罚，轻则杖责，重则坐牢。在日常生活中，有人因别人不经意的过失而稍有损失，那人虽道了歉仍不依不饶，甚至旁人说情都不行，就会被人说"这人是皇命官船碰勿得"。此语也有"黄病棺材"之说，意为生黄疸病死的人的棺材有毒菌，会传染人，不可碰撞。

13. 出封头（也有写成"出风头"）：意为在人前露了脸，包括智力、才艺、衣着，以及用钱出手大方阔绰，等等，令人钦慕，被称为"出封头"。此语典出旧时科举考试，在最高一级的殿试，试题是由皇帝御制的，由宰相及在京大臣任试官及阅卷，录取分一、二、三甲，一甲三名，二甲、三甲若干名，一甲三名即状元、榜眼、探花，二甲第一名为传胪。一甲称进士及第，二甲称进士出身，三甲称同进士出身。考试完毕，当宰相将卷子呈皇帝审阅时，此时实际上已排定了一甲、二甲、三甲的名次，皇帝一般只是作形式上的审定。卷子都有封套，为便于皇帝抽阅，呈上的头四名的卷子有一小段露在封套外，这四名自然是状元、榜眼、探花和传胪。这是读书人最梦寐以求的荣耀，"出封头"一语即由此而来。

14. 背木梢：上当。木梢是树的梢头，一根木材分上、中、下三档，木梢为上档，档与当同音，上档谐音上当。上山伐木，把木头背下山时只能背木头的根部，或者拖着树梢也容易下山，若背着梢头，虽轻但拖着树根下山就有可能被卡住并难以转弯。

15. 铜钿牢头：旧时指视钱财如命的人。并非这些人当过旧时监狱的禁子牢头（狱卒），只因他们有的是理财能手，平时节俭，像禁子牢头看管犯人那样地看管钱财，不让一个子儿任意出袋，才得了这雅号。

16. 三百户到肋：这本是打麻将牌时的一句术语，意思是不管你和牌和到多大，约定以三百和（户）为限，超出的部分不计。岱山方言中常把某些行为不端、无可救药的人谓三百户到肋。搓麻将有时有杠上开花，这时可以翻番计算，但如果已约定三百户到肋，这杠上开花就没有意义了，这里用三百户到肋来比喻对这样的人讲什么都没有意义。

17. 呒头大：有人问你某件事你知道吗，如不知情则会说"我呒头大"。也有把办事糊涂的人称为呒头大。这是一句非常幽默的隐语，是把大字的上半部去掉后的人字，实际上是说这人没有头脑，妙在不直接说你没有头脑，而以猜谜形式。还有如呒头婆，也是把婆字上部去掉，成了一个女字，来说笑这婆婆是个没头脑的女人。

18. 责格论等：在商业交易过程中，对商品的质量、规格、价位等，双方事先约定后，却在最终钱物交付时因商品与事先约定不符而发生争执的一种说法。收货方觉得货物有与约定不符的地方就会指责，规格不符、等级不符等等，出现责价论等的话。在日常生活中，也常用这话批评他人过分计较别人的过失，如对指责别人礼数不周、招待欠好等的人，就会说"这人个会责格论等"。

19. 虮子算出骨头来（虮子为虱的卵）：在日常生活里也常听到类似的话，如用"鸡蛋里挑出骨头"来形容某人特别爱挑剔，但比起岱山这句方言之妙还逊一筹。鸡蛋里有蛋白、蛋黄，还有些什么，可以用肉眼鉴别一番，当然骨头是绝对挑不出来的。一粒虮子已小到放在桌上都不太容易被发现，还能挑出骨头吗？但这句话却不用"挑"字而改"算"字，说明这个人精细计算到连虮子里都能算出骨头来。

20. 溜滩度日：指生活困苦又没有采取好办法，只能得过且过顺其自然。溜与滩，指旧时盐民做溜取卤与滩晒制盐的两种生产方式。旧时盐民光靠晒盐是很难维持生活的，因此大都兼有他业，如晒盐兼种田，或捕鱼（季节性），或外出打短工，以补家用。如某家晒盐的人只蹲在溜或滩上谋生，则生活就会困苦不堪，除非因病致穷，否则这家人必是溜滩度日的懒汉。

21. 海会：某人家阔气、世面广、名头大，岱山话则说：某人家海会猛，海会勿过。"海会"实为四海会同之意，百川归大海，自然气势宏大。也有人夸张地说："这人海会大祈坛。""海会大祈坛"即佛教僧众、信徒聚会聆听佛祖讲经之坛场和信众祈祷之处。

22. 抬城隍：很多人在一起为某件事意见不一，争执不下，互相抬杠，故意起哄，吵闹不休，称之"抬城隍"。旧时每个县城都有城隍庙，民间传说人死后阴魂先要去城隍庙报到，无论在世时人好人坏，一到阴间地府都得挨上一顿杀威棒，只有给城隍神抬过轿的，城隍神会看在抬轿的分上免掉这顿棒打。于是在一年一次城隍神出殿坐轿时，就有很多人去争着给城隍神抬轿，城隍神只有一位，争抬的人多至几十个，于是你挤我拉，热闹非凡，但因在神前，这种争抢也还有克制，不至于动粗打架。这就是"抬城隍"一词的来历。

23. 原色勿动："色"，这里作物品种类解，如几色糕点、果品、几色衣料等。有几色东西以前放在哪里，过段时间仍在原来的地方未被移动过，或送给人家的东西原封未动退回，就说原色勿动在那里，原色勿动退转来。

24. 豆船、豆子船（船念"材"音）：岱山人常以豆船称孩子，大的孩子被称为"大豆船"，小的被称为"小豆船"，对年纪大的也有称为"老豆船"。豆船是指在嬉戏时不会节制自己，尽情嬉闹的人。以前船家在装运货物时，都须打包装箱，装叠在仓内。散装的豆子是不能装仓的，因为帆船以风为动力,风有顺逆,行驶中船要掉抢,船体会倾倒,豆子会随船倾侧滚向一侧,造成船失重心而翻船。后来把不安分的、吵闹的孩子比作豆子船,来提醒家长要阻止孩子,以免他们失控闯祸。

25. 牢口:常听到这样一种对话,有人问"今年的生意好吗",或问"这汛鱼捪得好吗",回答"生意牢口",或"鱼捪牢口",意思是生意不怎样好,鱼捪得不多。"牢口"是以旧时监狱里牢犯的口食作比较,形容仅够维持生命而已。还有一句是"牢口汤",同样是以犯人喝的汤作比较,内容不过一碗清水白滚汤。牢口用来作生意清淡只能维持生计确也切当。

26. 较惯:岱山话里用"较惯"的地方很多,如较惯多、较惯好、较惯乖、较惯坏、较惯大、路较惯远、屋较惯高、较惯好看等等,与很多、很好、很长、很短意同。从字面上已很清楚,较惯即比较惯常,比一般的或平常的要好、要多之意。现常写作"交关"。

27. 喜得煞:有的人有了一些成绩喜在人前炫耀,沾沾自喜,现得意之色,这种炫耀自然会遭人非议,被人说"喜得煞"。

28. 海阔量心:像大海宽阔的胸心和气量,这本应该受到赞赏,但这里却是另一种意思,即是用来形容那些只说大话,却没能力去实现自己的诺言的人。对于这种讲得非常好,目标非常宏伟,在人前许下很多愿而实际做不到的人,会被人当场说海阔量心。

29. 澎石岩、澎汰横:岱山方言常用语。如遇上有一段时间未见的人时,就会说:"介多日子呒没看见,澎石岩澎到哪里去了?"也有在互相磋商未能达成一致意见时,其中一方不耐烦了,会说:"甭澎石岩,算我倒霉,让你。""澎"为海浪发出的撞击声。"澎石岩"也称"澎汰横","汰横"是较为宽阔的岩岸。这是毫无目的的一种行为,如人东奔西撞没有什么正事而闲逛,就像海浪撞击礁石不存在什么目的。

30. 奇出古样:有人制造出一种以前从没见过的新奇的工具、家具,甚至是想出了一种过去没人想出过的办法,或一种新花样,都会被称为"奇出古样"。这句话比较易理解。"奇"出于古样,古样自然是旧的式样、模式或旧的传统办法。

31. 趵春：岱山方言有"小团趵春头磕开、老人趵春赔棺材、大姑娘趵春要刮胎"的警语。"趵"字义为跳跃，趵春则是动物发情时兴奋状的生理表现，以此来形容精神特别兴奋、举止超乎常态的大人和孩子，固然是一种戏谑讽喻，同时也是一警语，对那些兴奋过度而嬉闹的人们作警告。

32. 偷形伴影：为讽喻行为诡秘，做不可告人的丑事之人。形容偷的身形伴着影子显现在月光下，呈现那种偷偷摸摸的丑态。

33. 张嘴辟易：这是对说话不负责任，信口雌黄，无中生有的人一种指责语。张嘴辟易，即狂疾，是在开口说话上的那种。

34. 献采：这里把在人前作秀，或把自己的一些成就，以及得到的什么东西在别人面前（包括自己的长辈、领导）作显示、夸耀、自赞的行为视之为"献采"。献采是祭祀礼仪中的一项程式，是在过去大的祭祀典礼中，由主祭人向神或祖先报上供品名目的仪式。在结婚的头天晚上，"飨先"的祭仪上也用。主祭人跪于香案前，由司仪赞礼行三跪九叩首礼，仪式逐项进行，其中一项就是献采，由值侍者从右将供品递予主祭人，主祭人双手举供品至眉齐并报上品名后递予左首侍者放供桌上，这是对神或祖先的一种恭敬的表示。将献采用来表示在领导或长辈面前作秀的行为，当然是一种讽刺。

35. 妻来姑对：有些事情本来应按规定的正确做法去做，却被一种错误办法所代替，或一种正确的说法被错误理论所代替，知道的人就会说"妻来姑对！怎可这样做法"或"妻来姑对，乱讲"。这话源于旧时结婚习俗。旧时，结婚日子是由男方定的，男方把日子帖送至女方，女方准备嫁妆等待迎娶。吉期选定后不能任意更改，若新郎出门在外做事，结婚之前正想回家，却因风雨不测交通阻隔（尤其居处海岛、隔洋过海的）以致不能如期到家行婚礼，此时只有采取变通办法，由男人的妹妹来代兄拜堂（不能由弟弟代），这就称为"妻来姑对"，意味着不是本应这样做的说辞。

36. 砂锅：对于不知节约，用钱似流水，赚多少用多少的人称之为"砂锅"。若是挥霍成性，赚八百用一千的，更谓之"脱底砂锅"。对于这样的人，当然不能让他经手钱财，委以管理经济之任。砂锅本是作为炖煮食物的砂陶器皿，易碎裂，使用时要小心轻放，不能骤冷，一旦爆裂，不堪收拾。用砂锅来比喻那样的人，实际上就是提醒在用这种个性的人时要特小心，不能轻易委以经济重任。

37. 蒲瓢或余江蒲瓢：用于那些不恋家，对家庭不负责任的长期游荡在外的人，与砂锅有些相似之处，不会积财。蒲瓢：一种用成熟透了的蒲瓜（岱山人称团蒲）对剖而得的舀水用具，是农家厨房内常备之具。蒲瓢一般放于水缸盖上或浮于水缸内，因底部呈圆形不会进水，故用来比喻不会积财的人。这个比喻的确很形象。又由于蒲瓢放在水中不会停留在一个地方，所以像在外游荡的人。余江蒲瓢更像长期在外游荡的人，随潮而至，止无停所。

38. 帐子哑脸：岱山话中"哑脸非其"是说这人不要脸。"帐子哑脸"是说这人会很快就变脸。如本来几个人很融洽地在一起交谈，有人突然听了一句话不乐意就立刻发怒变脸色给人看，这样的人会被指责为"帐子哑脸"。这是戏曲中变脸的引用语，如川剧中的变脸，脸上蒙上一层层画好的各色脸谱，如帐子一揭，脸色变化多端。

39. 眼到三快：这与眼快手捷意义相同，是说在众多竞争对手一起时，手眼要快，要争先出手占得便宜或好处。这话的来处是在酒席上，有人在吃食夹菜时表现出来的一种贪食的品相。过去，常有一种说法讲的是在宴席上有种人，嘴里吃着一块（指肉类），筷子上夹着一块，眼睛盯着碗里那一块，俗话叫"吃一落二看三"。

二、核心基因提取与评价

基于对材料的全面、深入分析，得出本文化元素的核心基因表述为："具备渔盐之利的地理环境""和谐共处、文明互鉴的理念""独特的语言文化样式"。

岱山土话核心文化基因评价依据

评价项目	评价因子	评价依据（特点）	是否
生命力评价	文化基因存续的时间	自出现起延续至今，未曾明显中断	√
		自出现起延续至今，但多次衰微、中断后复兴	
		曾明显衰败，改革开放后开始复兴或历史溯源关键环节缺失，难以考证	
		文化形态主体已灭失，现存部分痕迹	
	文化基因的稳定性	在发展过程中保持相当稳定的状态	√
		在发展过程中存在明显的精神内涵、表现形式剧变	
凝聚力评价	文化基因的凝聚力及社会动员效果	曾广泛凝聚起区域群体的力量，显著推动过社会经济文化的发展	
		曾部分凝聚起区域群体力量，对社会经济文化的发展产生过影响	√
		凝聚过力量，创造过实际的发展动能，但未见对社会经济文化发展产生显著改变	
		仅在历史文献或口耳相传中存在，未见实际介入社会经济发展	

续表

评价项目	评价因子	评价依据（特点）	是否
影响力评价	辐射的范围	具有全国性、世界性的影响力	
		具有长三角区域、浙江省影响力	
		具有市县、乡镇影响力	√
	提炼的高度	已经被古代文人士大夫和（或）当代学者提炼为精神符号和理念理论	
		单纯的样式、造型、工艺技术规范	√
发展力评价	与当代精神追求和价值观念的契合	传统文化基因得到创造性转化、创新性发展；区域革命文化基因被完整继承、广泛弘扬；区域社会主义先进文化基因成为与浙江"三个地"相适应的文化高地	
		部分转化、部分弘扬、部分发展	√
		难以转化、难以弘扬、难以发展	

说明：基因特点评价是对解码出来的基因，根据本《导则》表2的要求，围绕"四个力"逐一对表打"√"，进行定性表述

（一）生命力评价

"具备渔盐之利的地理环境""和谐共处、文明互鉴的理念""独特的语言文化样式"文化基因延续至今未曾明显中断，文化基因形态保持稳定。来自江、浙、闽各地方的移民带来的家乡方言，逐渐融合形成了岱山土话，至今仍然在大面积使用，体现出文化基因的强大生命力。

（二）凝聚力评价

"具备渔盐之利的地理环境""和谐共处、文明互鉴的理念""独特的语言文化样式"文化基因能够广泛凝聚起区域群体的力量。江、浙、闽各地方言汇聚于岱山，在时间的推移中融合成岱山岛的主流方言。语言统一后的岱山方言，是地区文

化碰撞和交融的结果，推动了岱山地区社会经济文化的发展。

（三）影响力评价

"具备渔盐之利的地理环境""和谐共处、文明互鉴的理念""独特的语言文化样式"文化基因具有市县、乡镇的影响力。岱山方言的使用范围基本在岱山县范围内广大群众中广泛传播，同时也为来岱游玩的旅客朋友所熟知。近年来，岱山县还通过"红色方言课堂"、城市方言大赛等活动，不断增强其在本地范围的影响力。

（四）发展力评价

近年来，岱山县非物质文化遗产保护中心、岱山县文化馆、岱山县民间文艺家协会积极举办"红色方言课堂"、城市方言大赛等民俗文化活动，努力传承和弘扬优秀传统文化，增加广大岱山市民对家乡本土文化的认同感和归属感，以比赛和活动的形式促进方言传承，使"具备渔盐之利的地理环境""和谐共处、文明互鉴的理念""独特的语言文化样式"等文化基因实现了创造性转化、创新性发展。

三、核心基因保存

"具备渔盐之利的地理环境""和谐共处、文明互鉴的理念""独特的语言文化样式"作为岱山土话的核心基因,文字资料保存在岱山县政协文史资料与教文卫体委员会编《岱山方言释义》。

岱山三姓拳塘

东海蓬莱　岱山文化基因

岱山三姓擧塘

岱山三姓攀塘指的是岱山县岱山镇的双合石壁。岱山岛最西端的双合村原为悬水孤岛，后经人工修造一条拦海大坝同岱山岛相连。此地盛产花岗石，质细而坚韧。经当地居民两百多年来取石开凿，形成了50多处洞景，洞内石峰挺拔雄伟，石壁刀削整齐，石幔五彩缤纷，在夕阳中，光怪陆离，景致极为壮观，被誉为"石壁残照"，成为古蓬莱十景之一。

在双合，石壁的开采，勘查严谨、工具齐备、工序完善。石壁开采前，采石人要先充分勘查山体陡度、植被和岩层的厚度、山体的整体性，然后给石质定性。符合开采条件的石质必须是凝灰岩，莫氏硬度须在 4.5 至 6.5 之间。在开采前，采石人会提前准备好采石工具，包括羊角大锤、手锤、铁撬棍、直尺、扫帚、蜡笔、锤子（分为混锤、方梅锤和填眼锤）、皇锤、杠棍、绳子等。石壁开采包括"座岩头"、打"段"、打"后落段"、打"孔"、打"盛"、垫"眼"、打"销"、裁"墨"、出"销"等工序。通过上述工序，采石人从山体剥离、裁割石材并运输到固定场所。

一、要素分解

（一）物质要素

1. 丰富的石料资源

双合村拥有丰富的石料资源，经过历代双合开采人的辛勤劳作，形成了双合境内南、北两座山由开采石板所留下的石塘群遗址。

2. 齐全的开采工具

开采工具有羊角大锤、手锤、铁撬棍、直尺、扫帚、蜡笔、锤子（分为混锤、方梅锤和填眼锤）、皇锤、杠棍、绳子等。

（二）精神要素

勤劳、坚忍的精神

石料的开采是一项异常辛苦且危险的工作，剥离、吊装、裁剪、运输都需要巨大的体力劳动。在过去没有大型机械的背景下，双合人民只能依靠人力完成这些工作，体现了他们勤劳、坚忍的精神。

（三）制度要素

1. 严格的石料开采标准

开采前，采石人必须充分勘查山体陡度、植被和岩层的厚度、山体的整体性，并给石质定性。开采石料的石质必须是凝灰岩，且莫氏硬度必须在 4.5 至 6.5 之间。

2. 严谨的开采工序

石壁开采包括"座岩头"、打"段"、打"后落段"、打"孔"、打"盛"、垫"眼"、打"销"、裁"墨"、出"销"等工序。通过上述工序，采石人从山体剥离、裁割石材并运输到固定场所。①座岩头（摆岩头）：方向必须朝南，也可朝东南、西南方向，决不能朝正东、正西、正北方向座岩头。石板塘必为长方形、正方形。②打"段"：指的是石塘左、右两边，深度按石板或石材所需厚度而定。③打"后落段"：

指的是石塘的北端，所锤的厚度为石材所需的一半。④打"孔"：是决定石材好坏的关键所在，打孔为每13厘米间隔排列。⑤打"盛"："盛"的间隔为25—30厘米，其目的是让石板开裂，能够移伸到后面石板的中枢工艺。⑥垫"眼"：指用石斧通过扁锤使劲撬打孔与孔之间的连接部位，迫使山体部分与所需石板脱离的程序。⑦打"销"：指整个石塘面积大的石块与山体脱离开来。⑧裁"墨"：指按建筑所需的石材规格进行裁割。⑨出"销"：指把裁割的石材从石塘搬运到固定场所。

（四）语言与象征符号

双合石壁

双合石壁位于岱山岛最西端的岱西镇双合村。此地，享有盛名的石板质细而坚韧，经当地人民五六百年世世代代的艰辛取石开凿和大自然的鬼斧神工，留有石景旧迹50多处，奇石怪洞，形态各异。双合石壁景区有雄伟挺拔的石峰，形如刀削的石壁，清晰见底的石潭。进入类似欧式城堡的大门，沿塘口下窥，洞深幽静，碧水挽天，沿塘上望，峭壁戴云。当夕阳投在海岛的石壁上，远眺近看，霞光如虹，"石壁残照"由此得名。"石壁残照"已被选为古蓬莱仙岛十景之一。不仅如此，双合石壁新景还被赋予了浪漫的元素，蜜月之约、海誓山盟、天涯海角、永结同心、城堡探秘、喜获吉祥等互动性活动增添了甜蜜、和谐的旅游气氛。景区周围还建有展示世界各地石文化的广场和集海岛度假村、海景房产、观光休闲娱乐设施为一体的东方蜜月城堡。

二、核心基因提取与评价

基于对材料的全面、深入分析，得出本文化元素的核心基因表述为："丰富的石料资源""勤劳、坚忍的精神""严谨的开采工序"。

岱山三姓攀塘核心文化基因评价依据

评价项目	评价因子	评价依据（特点）	是否
生命力评价	文化基因存续的时间	自出现起延续至今，未曾明显中断	√
		自出现起延续至今，但多次衰微、中断后复兴	
		曾明显衰败，改革开放后开始复兴或历史溯源关键环节缺失，难以考证	
		文化形态主体已灭失，现存部分痕迹	
	文化基因的稳定性	在发展过程中保持相当稳定的状态	
		在发展过程中存在明显的精神内涵、表现形式剧变	√
凝聚力评价	文化基因的凝聚力及社会动员效果	曾广泛凝聚起区域群体的力量，显著推动过社会经济文化的发展	
		曾部分凝聚起区域群体力量，对社会经济文化的发展产生过影响	
		凝聚过力量，创造过实际的发展动能，但未见对社会经济文化发展产生显著改变	√
		仅在历史文献或口耳相传中存在，未见实际介入社会经济发展	

续表

评价项目	评价因子	评价依据（特点）	是否
影响力评价	辐射的范围	具有全国性、世界性的影响力	
		具有长三角区域、浙江省影响力	
		具有市县、乡镇影响力	√
	提炼的高度	已经被古代文人士大夫和（或）当代学者提炼为精神符号和理念理论	
		单纯的样式、造型、工艺技术规范	√
发展力评价	与当代精神追求和价值观念的契合	传统文化基因得到创造性转化、创新性发展；区域革命文化基因被完整继承、广泛弘扬；区域社会主义先进文化基因成为与浙江"三个地"相适应的文化高地	
		部分转化、部分弘扬、部分发展	√
		难以转化、难以弘扬、难以发展	

说明：基因特点评价是对解码出来的基因，根据本《导则》表2的要求，围绕"四个力"逐一对表打"√"，进行定性表述

（一）生命力评价

双合石料开采工艺已有300多年的历史，自该技艺出现起延续至今，未曾明显中断。文化基因"丰富的石料资源""勤劳、坚忍的精神""严谨的开采工序"亦留存于岱山地区，是留给当代的宝贵财富。

（二）凝聚力评价

双合石壁的石料开采是自清朝以来双合人的主要产业。当夕阳投在海岛的石壁上，远眺近看，霞光如虹，"石壁残照"由此得名。"石壁残照"已被选为古蓬莱仙岛十景之一。可见，双合石壁曾凝聚起岱山地区区域群体的力量，充分带动了当地社会的经济发展，同时也积累了石料开采的技艺，增加了地方

的文化底蕴。

（三）影响力评价

双合石壁的石料开采是自清朝以来双合人的主要产业。如今，双合石壁景区有雄伟挺拔的石峰，形如刀削的石壁，清晰见底的石潭。进入类似欧式城堡的大门，沿塘口下窥，洞深幽静，碧水挽天，沿塘上望，峭壁戴云。可见自古以来，双合石壁的影响力就遍及县内外，其核心基因"勤劳、坚忍的精神""严谨的开采工序"亦具有市县、乡镇的影响力。

（四）发展力评价

如今，双合石壁已成为岱山文化和旅游的重要窗口，不仅有海岛人艰苦奋斗、开凿石壁的悠久历史，还被赋予了浪漫的元素。比如，当地增添了蜜月之约、海誓山盟、城堡探秘、喜获吉祥等互动性活动，赋予石壁甜蜜、和谐的旅游气氛。同时，景区周围还建有展示世界各地石文化的广场和集海岛度假村、海景房产、观光休闲娱乐设施为一体的东方蜜月城堡。在此背景下，"丰富的石料资源""勤劳、坚忍的精神""严谨的开采工序"等核心基因与当代精神追求和价值观念相契合，能够较好地转化、弘扬、发展。

三、核心基因保存

"丰富的石料资源""勤劳、坚忍的精神""严谨的开采工序"作为岱山三姓攀塘的核心基因,实物材料石塘群遗址位于岱山县双合村。

金维映史迹

东海蓬莱 岱山文化基因

金维映史迹

金维映是中国共产党舟山地方党组织早期领导人之一，舟山籍杰出女革命家。金维映参加了举世闻名的二万五千里长征，她是走完漫漫长征路的中央红军30位女红军之一。为纪念这位革命女杰，1991年，岱山县人民政府整修金维映故居。

金维映，原名金爱卿，也使用过金志成这个名字。她和邓小平是同年生。1904年8月16日，金维映出生于浙江舟山群岛岱山县高亭镇。父亲金荣贵是城市贫民，粗识文字，与人合伙在高亭镇开米店谋生，一家4口全靠父亲微薄的收入过活，生活很艰难。金维映6岁时，因灾荒严重，父亲的米店倒闭，金维映继而被送往镇海（今舟山市定海区）老家，靠跟随叔父、婶婶以扎纸花、制锡箔挣钱度日。

金维映8岁时，被父亲接回定海。翌年，为了上学，她卖了家具，进入定海县立女子小学读书。时任"女小"校长沈毅，是舟山著名爱国进步人士。金维映受其教育，得以健康成长。她从"女小"毕业后，被沈毅校长送到浙江省第四师范学校学习，学成后，回"女小"工作，立志为教育事业而奋斗，将名字改为金志成。

1925年6月，金维映发动组织女校师生响应上海五卅运动，联络各校成立县学生会，带领学生联合工人、市民实行罢课、罢工、罢市。1926年10月，金维映加入中国共产党，随后深入工厂开办工人夜校，组织建立工会。1927年春，她被选为舟山总工会执行委员，带领工人举行总罢工，要求增加工资获得胜利。3月，她参与组织盐民开展反土豪劣绅斗争，成立岱山盐民协会。"四一二"反革命政变后，她被国民党当局逮捕，后经组织营救获释，转移至上海到中华全国总工会工作。她以当小学教员为掩护，从事秘密的工人运动。

1929年6月，金维映担任中共江苏省委妇女运动委员会书记，在白色恐怖条件下，领导开展妇女革命斗争。1930年7月，她任上海丝织业工会中共党团书记、上海工会联合行动委员会领导人，领导发动上海百余家丝厂工人罢工。她深受丝厂女工的爱戴，被尊称为"阿金大姐"。1931年，她被派到中央革命根据地，于1931—1933年先后任中共于都、胜利县委书记，中共中央组织部组织科科长。

1934年，金维映被选为中华苏维埃共和国中央执行委员，任中央革命军事委员会总动员武装部副部长，参与领导革命根据地的扩大红军和征粮工作。不久兼任中央瑞金扩红突击队总队长，率工作队深入动员群众，超额完成扩红征粮任务，受到中央和军委的表彰。同年10月，随中央红军进行二万五千里长征，任中央纵队休养连政治指导员兼支部书记。1935年10月，到达陕北后，她任中共中央组织部组织科科长。

1937年初，她被调到中国人民抗日军事政治大学，任第四大队女生区队大队长。抗日战争爆发后，1938年春，调任陕北公学生活指导委员会副主任。

长期艰苦的战争生活，使金维映的健康遭到严重的损害，在陕北公学工作半年多后，与蔡畅等一起赴苏联学习并治病。1941年，德国法西斯飞机轰炸莫斯科，她在战乱中遇难。

金维映是一个坚定、忠贞的女革命者。她为中华民族的独立和解放，为新中国的诞生，贡献了自己的一切。

在漫长艰苦的革命斗争岁月中，金维映身上体现了中国共产党人优秀的品质和崇高的精神风貌。通过她的足迹，人们可以真切地感受到代表着最广大人民群众利益的中国共产党从无到有，从弱到强，领导中国人民推翻三座大山，建立中华人民共和国的艰辛历程。

一、要素分解

(一)物质要素

以金维映故居为纪念场所。金维映故居位于岱山县高亭镇清泰路后街14号,为民国时期建筑,坐北朝南,占地面积349平方米,建筑面积158.54平方米,分故居陈列室和史料陈列室两部分。1995年3月,时任中共中央总书记江泽民同志亲笔为故居题名。

(二)精神要素

1.坚定、忠贞的革命意志

金维映是一个坚定、忠贞的女革命者,她为中华民族的独立和解放,为新中国的诞生,贡献出了自己的一切,从一个海岛女儿,成长为一名共产主义战士。在漫长艰苦的革命斗争岁月中,金维映体现了中国共产党人优秀

的品质和崇高的精神风貌。通过她的足迹，人们可以真切地看到代表着最广大人民群众利益的中国共产党从无到有，从弱到强，领导中国人民推翻三座大山，建立中华人民共和国的艰辛历程。2004年，时任浙江省委书记、省人大常委会主任习近平同志为纪念金维映烈士诞辰100周年座谈会发来书面致词。习近平在书面致词中指出，金维映烈士是忠诚的共产主义战士、中国共产党的优秀党员、浙江人民的好儿女。她的一生虽然短暂，却给我们留下了十分宝贵的精神财富。在她的身上集中体现了共产党人的优秀品质。金维映烈士的革命业绩和崇高精神，永远值得我们学习和弘扬。①

2. 舍己为国的革命精神

金维映为祖国的革命事业奉献了一切。以婚礼为例，金维映和李维汉同志在短暂的婚礼后便立即踏上革命征途，为祖国的革命事业放弃了正常的家庭生活。在长征路上，组织为金维映配了一匹马，但她总是把马让给别人，比如病中的警卫员、体弱的民夫或者脚起泡的女同胞。

3. 誓死卫国的长征精神

金维映参加了举世闻名的二万五千里长征。她是包括邓颖超、贺子珍、康克清在内的走完漫漫长征路的中央红军30位女红军之一。她以坚定的勇气参与了长征，怀着誓死卫国的长征精神开展救国运动。

---

① 《金维映烈士诞辰100周年纪念活动在岱山举行》，《浙江日报》2004年11月2日，第1版。

二、核心基因提取与评价

基于对材料的全面、深入分析,得出本文化元素的核心基因表述为:"坚定、忠贞的革命意志""舍己为国的革命精神""誓死卫国的长征精神"。

金维映史迹核心文化基因评价依据

评价项目	评价因子	评价依据(特点)	是否
生命力评价	文化基因存续的时间	自出现起延续至今,未曾明显中断	√
		自出现起延续至今,但多次衰微、中断后复兴	
		曾明显衰败,改革开放后开始复兴或历史溯源关键环节缺失,难以考证	
		文化形态主体已灭失,现存部分痕迹	
	文化基因的稳定性	在发展过程中保持相当稳定的状态	√
		在发展过程中存在明显的精神内涵、表现形式剧变	
凝聚力评价	文化基因的凝聚力及社会动员效果	曾广泛凝聚起区域群体的力量,显著推动过社会经济文化的发展	√
		曾部分凝聚起区域群体力量,对社会经济文化的发展产生过影响	
		凝聚过力量,创造过实际的发展动能,但未见对社会经济文化发展产生显著改变	
		仅在历史文献或口耳相传中存在,未见实际介入社会经济发展	

续表

评价项目	评价因子	评价依据（特点）	是否
影响力评价	辐射的范围	具有全国性、世界性的影响力	√
		具有长三角区域、浙江省影响力	
		具有市县、乡镇影响力	
	提炼的高度	已经被古代文人士大夫和（或）当代学者提炼为精神符号和理念理论	√
		单纯的样式、造型、工艺技术规范	
发展力评价	与当代精神追求和价值观念的契合	传统文化基因得到创造性转化、创新性发展；区域革命文化基因被完整继承、广泛弘扬；区域社会主义先进文化基因成为与浙江"三个地"相适应的文化高地	√
		部分转化、部分弘扬、部分发展	
		难以转化、难以弘扬、难以发展	

说明：基因特点评价是对解码出来的基因，根据本《导则》表2的要求，围绕"四个力"逐一对表打"√"，进行定性表述

（一）生命力评价

"坚定、忠贞的革命意志""舍己为国的革命精神""誓死卫国的长征精神"延续至今未曾明显中断，文化基因形态保持稳定。金维映作为共产党领导者、杰出女革命家、长征的女红军，为我们留下了诸多感人故事，其革命精神、长征精神始终照耀着新中国大地。

（二）凝聚力评价

金维映学生时代就积极参加和组织学生运动，1926年加入中国共产党后，组织岱山盐民运动，在岱山打响了第一声革命的春雷。1927年到上海，她组织了上海上百家丝厂女工的罢工，书写了中国工人运动的光辉篇章。在上海期间，她任江苏

省委妇女委员、省委常委。后来，在中央苏区，她担任于都、胜利两县的县委书记，中央军委总动员武装部副部长，中华苏维埃共和国第二届中央执行委员。她为苏区的巩固、经济的发展、扩大红军和筹备粮草等工作作出了突出贡献。1934年，在举世闻名的二万五千里长征中，她是中央红军30名长征女红军中的一员，曾担任军委政治处组织部地方工作部组织科长、总卫生部政治处组织科长兼总支部书记、中央纵队休养连党支部书记。在长征途中，她宣传群众、调查社情、筹集粮食、扩大红军。红军到达陕北后，她在中央组织部、延安抗大、党校、陕北公学边学习边做教员，撑持着病体仍奋力工作。

金维映在其短暂的一生中，领导了各地的革命事业，为新中国的建立贡献了伟大力量，她的"坚定、忠贞的革命意志""舍己为国的革命精神""誓死卫国的长征精神"曾广泛凝聚起区域群体的力量，推动革命事业的发展。

（三）影响力评价

回顾金维映的一生，她组织了岱山盐民运动、上海百家丝厂女工罢工、苏区扩大红军和筹备粮草工作，参与了二万五千里长征。她的足迹遍布全国。金维映参与的大革命时期的精神、苏区精神、长征精神和延安精神，已经成为今天中国人民的民族精神。因此，金维映身上"坚定、忠贞的革命意志""舍己为国的革命精神""誓死卫国的长征精神"的文化基因具有全国性、世界性的影响力，已经被当代学者提炼为精神符号和理念理论。

（四）发展力评价

金维映参与的大革命时期的精神、苏区精神、长征精神和延安精神，已经成为今天中国人民的民族精神。她身上"坚定、忠贞的革命意志""舍己为国的革命精神""誓死卫国的长征精神"的文化基因与当代精神追求和价值观念相契合，能够较好地转化、弘扬、发展。

三、核心基因保存

"坚定、忠贞的革命意志""舍己为国的革命精神""誓死卫国的长征精神"作为金维映史迹的核心基因,文字资料保存在岱山县史志办公室编著《金维映》,实物材料保存在金维映故居,位于浙江省舟山市岱山县高亭镇安澜社区清泰路后街14号。

岱山徐福说

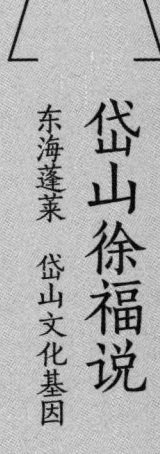

东海蓬莱　岱山文化基因

岱山徐福说

徐福，秦朝方士，于公元前210年，奉秦始皇之命，率三千童男童女和百工，携带五谷种子，乘船东渡，寻找海上"蓬莱、方丈、瀛洲"三座神山，寻觅长生之药。岱山县地处长江、甬江、钱塘江出海口，自唐开国元年始至今1400多年来，一直被列朝命名为"江南东道明州翁山县蓬莱乡"，素有"蓬莱仙岛"的美誉，被民间传为神仙居住的地方。宋《乾道四明图经》、宋《宝庆四明志》、元《大德昌国州图志》、明天启《舟山志》、清康熙《定海县志》、清光绪《定海厅志》、民国《岱山镇志》以及《方舆胜览》等大批史籍都有记载，蓬莱山是方士徐福求仙处。

相传，当年徐福在慈溪达蓬山港埠启航，抵达岱山寻找长生不死仙药，后来又东渡日本隐居。所以，岱山民间留下了许多有关徐福东渡的传说故事。这些传说故事是海岛民众以历史上的徐福为依托，寄寓自己的思想情感而创造的民间文学作品。传说故事在魔幻仙化中融入海岛的地理环境、地方方言、地域物产等元素，也有涉及造船、航海、科技、民俗等内容，成为研究徐福文化的一个重要亮点。

岱山境内存有大量与徐福东渡传说有关的历史文化遗迹，如东沙小岭墩的徐福祠、徐福碑，东沙山嘴头的海天一览亭，高亭的崇福庙、徐福广场等。千百年来，岱山徐福东渡传说以故事、说唱、曲艺等形式植根于民间，广为流传。

徐福东渡堪称中华文明千年前的壮举，其中可研究的内容相当丰富，如徐福精神的研究与弘扬、徐福作为载质促进中、日、韩文化交流等。"徐福文化"不仅是宝贵的人文资源，也是人们勇于探索海洋的精神体现，尤其在人类进军海洋、开拓海洋、实现海洋经济跨越式发展的今天，有着重要价值。

一、要素分解

(一) 物质要素

1. 徐福广场为纪念徐福的场地

岱山百姓为纪念徐福东渡,在高亭磨心山西侧建了一座徐福广场,广场朝南面海,视野开阔,占地面积1877平方米。广场中心位置建有一座高10米的大型徐福石雕像,四周设石栏、石椅。

2. 崇福庙为纪念徐福的建筑之一

崇福庙位于高亭镇沿港西路,建于清乾隆三年(1738),占地面积约685平方米。该庙是岱山县现保存完整的庙宇之一,具有一定的历史和艺术价值。1988年,崇福庙被列为岱山县县级文物保护单位。

（二）精神要素

1.进军海洋、开拓海洋的勇气和冒险精神

徐福东渡寻仙的传说，展现了人类进军海洋、开拓海洋的勇气和冒险精神。

2.坚持不懈、屡败屡战的精神

徐福两次面对失败都没有气馁，而是重整装备，三次出海，虽然后来因惧怕秦始皇惩罚而选择不归，但是其坚持不懈、屡败屡战的精神值得肯定。

（三）制度要素

以岱山县徐福研究会为研究团队的组织

岱山县徐福研究会是专业研究徐福文化的群众团体组织。它成立于1993年，一直致力于徐福文化的研究，曾举办了两届中国（岱山）徐福东渡国际文化节，组织参加四次国际性的学术研讨活动并在学术会上交流发言，先后编印了《蓬莱仙岛与徐福》（文史资料第五辑）、《岱山徐福文化》、"浙江非物质文化遗产"丛书《岱山渔风系列——徐福东渡》等书刊，有力地促进了徐福文化的弘扬与传承。

（四）语言和象征符号

富有趣味的传说故事

在岱山地区流传的有关徐福东渡的民间故事，内容想象力丰富、情节曲折跌宕，如《徐福三下蓬莱岛》《蓬莱岛上徐福的种子》《紫霞洞的传说》《马齿苋与柃木》等，为岱山民众提供了富有趣味的小说文学。

（1）《徐福三下蓬莱岛》

相传2000多年前，战国时代的秦国国王嬴政，以雄才大略，统一全国后，自称"始皇帝"，意思是"功过三皇，德超五帝"。从此，他好大喜功，极端专制，对百姓横征暴敛，自己却过着穷奢极欲的生活。但是，每当赏罢轻歌曼舞或者茶余饭后，有一件心事老是在他的脑海中翻腾：朕总不能永久地享受这荣华富贵吧，天地间只有神仙才能长生不老,到时候，皇帝也会像百姓一样，寿终正寝，魂赴九泉。于是，他终日长吁短叹，感到无限惆怅，十分担忧，以至常常为此而失眠。

忽一日，始皇召集众大臣，商议巩固中央集权和采集"不死之药"的措施。当时，丞相李斯说，巩固政权，最主要的是控制人们的思想，要把那

些百姓变成一个个愚民。李斯建议除了秦国史籍和医药、种植、卜筮之书，以及博士官新掌管的《诗》《书》和百家语外，其余统统烧毁。另有大臣建议，要采集不死之药，可请教高明的方士指点。始皇接受了上述的建议。第二年，继"焚书"之后，实施了"坑儒"，活埋了四百六十余名方士和儒生。

当时，咸阳有一位著名的方士，名叫徐福。此人童颜鹤发，非同常人，又能说会道，出口成章，简直能把死人讲活，博得远近众人的钦佩。他对求仙、炼丹很有研究，并声称世上有长生不老之药。因此，在搜捕、活埋方士和儒生的过程中，他幸免于难，而且还得到秦皇的赏识。于是始皇召见徐方士，徐福喜见秦皇，受宠若惊。始皇先从其他方面谈起，进而转弯抹角地询问世上是否真有长生不老之药。城府很深的徐方士，听出了始皇话中有话，心想时机已到，便滔滔不绝地讲述世上只有"蓬莱""方丈""瀛洲"三个神仙居住的岛屿才有不死之药，还说每年三月初三，天上王母娘娘过生日，祝寿的寿酒就是三岛上的药汁酿成的，八仙过海也是在蓬莱海域……始皇越听越感兴趣，脸上不时呈现笑容，频频点头，欣喜若狂。徐福见势便顺水推舟地说："启秦皇上，采集仙草的使命由小人承担，半年之内一定献上！"

"一言为定，出征时需要什么随你安排。"始皇深思片刻后同意徐福的请求。

不久，徐福多方征集三千童男童女，准备择日启程。出征前夕，随从人员个个沐浴、斋戒，摆香案祈祷苍天，然后向海上进发。这支庞大的队伍，一路上马不停蹄，风餐露宿，经过一个多月，到达浙江鄞县及大蓬山（在今宁波地区），在那里大规模修造大型竹筏、独木空心船、设仓大木船、大型楼船，然后选择风和日丽的良辰吉日，千舟竞发，寻觅神仙岛。那支船队在万顷波涛的大海上经受狂风、恶浪、激流、漩涡的袭击，驶过伸入大海的一个半岛时，徐福对半岛也曾发生过兴趣，可是在船头眺望中隐约见到人们频繁往来的情景，不免失望得很，总觉得这样的岛屿不可能有神仙居住。于是，他继续前进，决心找到悬水岛。又经过好几天的海航辗转，才发现海雾缥缈中若隐若现的悬水岛，此时徐福转忧为喜，童男童女们也唱起了欢歌。在航行过程中，已有不少船只沉入茫茫大海，许多人葬身鱼腹，徐福对此悲痛万分，深深地表示哀悼。

徐福立刻发出命令："为了完成始皇的使命，各艘船的为首者，抓紧时间寻找靠岸埠头。"数小时后，有两路人马前来禀告：岛西北部的东沙角青龙山嘴，岛东北部的后沙洋可以停泊船队。于是，他们向西海域挺进。船队行进没多时，忽报两处白浪滔天，海水好像从天而降，并且还有不断的厮杀声。徐福听报后紧锁双眉，亲自前去巡视，一看果然如此。他马上联想到东海是龙的家乡，可能是龙在化水。经过占卜方知原来是东沙角的青石龙（被玉帝罚下人间的青龙星）和后沙洋的棕缉老龙（月宫桂花树的桂子掉在棕缉绳上所变），为争夺海区而掀起的一场恶战。他为避免众人与船只的损失，只得改航高亭方向，不料，刚要进港时，忽见上百成千条的海豚上蹿下跃，泛起漫港大浪，吓得童男童女魂飞魄散、前俯后仰，"啊呀，啊呀……"直响，直接阻挡了竹筏、木船进港。这个时候，徐福考虑到船上粮草已经不多，反正进了港也难以立足，不如回朝重整旗鼓，再次来此。

始皇闻报徐福空手而回的消息，很不高兴，急召徐福进见。

"徐福，朕得知你此次出征远涉重洋，非常艰辛，不知采集了多少仙草？"

"启禀皇上，小臣遵照圣旨，闯过无边无际的汪洋大海，战胜各种各样的难关，总算找到了蓬莱仙岛，但由于途中耽搁了时间，粮草不足，无法维持下去，所以我打算重新出征，请皇上恕罪。"秦始皇听了他诚心的陈述，觉得确有道理，因而怒气渐消，即说："好吧，马上准备第二次出征，到时朕要亲自出征。"

秦始皇御驾亲征的消息，震动了整个咸阳城。离京城时，锣鼓喧天，鞭炮连天，数百名精兵强将排列前后，重新组成的三千童男童女夹在中间，始皇御驾交替使用轿、马，文臣武将前呼后拥，浩浩荡荡直奔东海岸。秦始皇先驻跸会稽郡，随后祭大禹陵，东巡鄮县。始皇特别注重海上仙岛，兴冲冲地东观沧海，见浩瀚无际的大海汹涌澎湃、潮声哗哗，心中不免暗暗吃惊，产生了莫大的恐惧感，不禁连续发出"唉，唉，唉……"的感叹。徐福见此心领神会，即跪地启奏："皇上请以保重龙体为要，此任仍由小臣负责，定将按时凯旋。"

第二次下海，徐福凭着船大、船多、兵精、粮足的优势，亲自坐镇在最大的一艘名为"求仙"号的木船指挥台上，不时观察辨别航向的"司南"，因为沿着首次去过的航线航行，所以比较顺利地驶近了蓬莱岛。可是一想起上次来时被阻的可怕场面，他不禁胆战心惊，不得不再选高亭航道进港。幸运的是，那天没有发现成群结队的海豚，群船陆续靠了岸。此刻，徐福似乎肩上卸了一个沉重的包袱，情不自禁地喊起"始皇有福，吾辈有幸"等口号，兴奋得几乎跳了起来。片刻后，徐福命令各船指挥人员迅速组织好队伍，分头出寻；自己带领几名侍从，急匆匆地沿着古树森森、杂草丛生、飞禽走兽众多的处女地，走上就近的山巅。他站在山巅鸟瞰，全岛远近尽收眼底，岛的四周白浪滔天，礁石累累，大大小小的岛屿星罗棋布，奇峰异洞处处皆是。云雾弥漫、寒气逼人，为这个人迹罕至的海岛蒙上了一层神秘色彩，酷似传说中的仙境。这个时候，徐福飘飘然如入梦境，自然地念念有词，祈祷尽快遇上神仙或者采到长生不老之药。他所率领的小分队，从山巅寻到山脚，又从山脚寻到海滩，自上而下、自下而上地反复寻找，活像梳子梳头那样。最后，几路小分队，披荆斩棘，攀崖过谷，终于登上蓬莱岛的最高险峰——磨心岭，然而始终找不到一个神仙或一叶仙草，大家感到灰心丧气，只好烧香燃烛，对天礼拜，祈求神灵保佑。正当大家没精打采，束手静坐之间，突然有一将领急急忙忙跑来禀告："启禀徐大人，我们一支人马遵照您的命令，仔仔细细在角角落落里找寻，后来到磨心岭山腰时，忽见地上有亮光闪耀，大家不约而同地集中到了一起，仔细察看，只见四周草木葱茏，中间凸起的两块分离的岩石缝里，生长着一株奇异的闪光植物，未知是否仙草，特来禀告。"徐福及众人听到这个消息，欣喜若狂，几乎不敢相信自己的耳朵，喜讯像雪中送炭，使人人转忧为喜，大家争着奔向现场观看。徐福根据眼前的实况，结合自己对丹药方面的研究，断定此乃秦始皇急需的"仙草"，于是即令武士小心谨慎地敲碎仙草边缘的岩石，慢慢地将仙草拔起来，由于用力过猛，终使数颗草籽掉入石岩缝中。采毕,徐方士朝天拜了三拜,便将仙草端端正正地放进盛具,四周填上岛土,再浇上清凌凌的溪水,由一个武士捧着,四个武士护卫返朝。

午朝门外,锣鼓喧天,有人声称要向始皇献宝,不料却被数名皇宫侍卫拦住,并大声责问:"徐方士,你们吵吵嚷嚷的,干什么啊?"徐福听了,拍着胸膛,得意扬扬地回答:"吾要亲见始皇,送上不死之药。"

"秦皇有令,今日谁都不见。"

"那怎么办?"

"可将此仙草交给我们代送。"徐福无奈,只好双手将仙草捧给侍卫。那个侍卫接过仙草,面对徐福当即把仙草折成数段,一一分给数名侍卫共尝。徐福见此,顿时七窍生烟,大喊大叫:"有人犯上作乱啦!""那还了得!"……随即扑了过去,想夺仙草,但已经"夺时迟,吃时快",徐福觉得此乃"火烧对联——事(字)坏了",几乎急得昏了过去。

翌日晨,徐福上朝哭奏皇上,始皇听奏后龙颜大怒,急令昨日值勤侍卫上殿,始皇训斥侍卫:"抢吃仙草,有无此事?"侍卫供认不讳,秦皇遂令速将侍卫推出午朝门外斩首示众。侍卫忙连续叩头恳求辩释,始皇念其侍奉多年,允许其奏。

"启奏皇上,小人们早就得知徐方士采集仙草之事,但都不相信世上真有此草,如果此草真是仙草,那么吃了此草就不怕斩首,如果仙草是假的,其罪就在于徐方士,故求皇上明鉴。"秦皇听此颇觉有理,令免死罪,打入天牢。始皇转而责备徐福:"汝听清了吧,还有何言可讲?"

徐福跪下侃侃陈答:"卫士之举,实乃无知小人之见;献上这物确系仙草,它是百年难见的稀世珍宝,唯蓬莱等三岛才有,现木已成舟,无法挽回,吾想重赴蓬莱再取。"

"只能如此,去吧!"

数日后,徐福率领队伍不分昼夜,抄原路重下蓬莱岛。在那里找遍了岛礁,历尽了千辛万苦,结果是"龙王爷掉海里——回老家了",哪里还有仙草的影子,它乃是几十年以至上百年才开花结果一次之物。因此,徐福无法回朝向秦皇复命。他深知秦皇"重用人,也滥杀人"的个性。此时此地,徐福考虑再三后认为只有一条活路——留下来,以免杀身之祸。为此,他立即召集全体随行人员,向他们说明回朝和留岛，以及遣散的利害关系，大家听了徐福的话，觉得言之有理，然后分别做了妥善的安排。

后来，人们传说徐福改换名字，隐居在岛上；也有人说他带走了一部分人，乘上一艘大船漂泊在日本等海外。从此，再也没有人知道他的确切下落。

朝廷方面，秦始皇等啊等，一个月，两个月，半年……始终等不到徐福等大队人马的回归，更见不到日思夜想的长生不老之药。由此，秦始皇的病情加重，于公元前210年病死在出巡途中。始皇临死前，曾民谣四起，其中有："不死之药无，祖龙今年死；死因无独事，咒骂亦是之。"

当年拔仙草时掉入石岩缝隙中的种子早已发芽、结果，依然生长在蓬莱岛磨心岭山麓，供后人用，真是"皇帝无福，百姓有幸"。

（金立高搜集整理）

（2）《蓬莱岛上徐福的种子》

徐福不止一次渡海到"三神山"，寻求长生不死之药。这次来前，他预先在东霍山一带驻舟聚集，熟悉海况，体验航海生活，待到春夏之际，起东南风后，又率领船队向蓬莱岛进发。东海上烟波浩瀚，天气变幻莫测，刚才还是万里晴空，海水平静如镜，一会就乌云密布，大雨倾盆。南风狂刮，船一会高一会低，在惊涛骇浪中行驶，很多人经受不起风浪的颠簸，晕船反胃，呕吐不止。幸好几位方士略懂医术，经过调理，大多数人病情有所好转。当船队驶近蓬莱岛时，徐福改乘小楼船，点拨百余名童男童女以及年长些的方士和百作工匠，备齐粮食、种子、工具等物品，在岱山岛东北部的北峰山"上船跳"靠岸登岛。一行人马，攀登悬崖峭壁，进入一处崎岖山路，山峦重叠的深山冷岙，树林葱郁繁茂，岛顶上云雾蒙蒙，山间清泉潺潺。他们走到一处避风向阳的山间平地，觉得是人居住的胜地，于是，徐福命人安排伐木垒石建茅舍，然后他又率领余部继续乘船北上。

当时岱山岛分东、西两岛，中间隔港，西岛是东沙角、桥头、青黑山等地，东岛是高亭、板井潭、北峰山、石马岙、泥峙等地。被留下的百余名童男童女和方士及百作工匠，白天踏遍岛上各处岩礁峻岭，他们登白峰，上磨心岭，乘竹筏小舟，摆渡过港去摇星浦，踏青黑山，站在石桥上向南、北眺望。起伏的山峦明媚秀丽，海面上波澜壮阔，海天一色，风光旖旎，确实是缥缈的蓬莱仙境。他们走累了就坐下歇歇脚，渴了就舀瓢泉水解渴，饿了就摘些野果子充饥，流连忘返，早把采集仙药之事抛之脑后。他们夜间返回驻地，进入石屋茅舍，围坐在如豆的油灯旁，说笑谈论，时而击鼓而歌，时而手舞足蹈，怡然自乐。他们开荒种地，结网捕鱼，饲养禽畜，居住久了，自然形成一个村落。

光阴如流水，数年后，童男童女逐渐成长，到了婚嫁年龄，年长的方士以族长身份，将童男童女指婚配对，喜结良缘，自立门户，生儿育女，繁衍自息。在明清朝时期，为防海匪侵扰海岛，朝廷实行过海禁。岛内居民迁入内陆，使岱山蒙受严重的破坏，各处田园荒芜，庐舍凋零，满目苍凉，加上海岛屡遭台风侵袭，狂风巨浪冲塌堤坝，摧毁房屋，淹沉良田盐地，灾害过后，瘟疫肆虐，人畜死亡惨重，人口骤减，最后顽强活下来的寥寥无几。

（夏贤义搜集整理）

（3）《紫霞洞的传说》

在东海的海面上，有座蓬莱岛，此岛的东南方有一座名唤江南山的小岛，与蓬莱本岛隔海相望。江南山岛上山峦叠翠，岩壑奇险，自然风光旖旎。紫霞洞位于江南岛的东北部，据说此洞深不可测，直通海底，是天然的海底通道。很久以前，有一渔夫误入洞中，待出来一看，却到了另一个岛屿——长涂岛。另外，在农历初一、十五大潮来临之际，洞口便被淹没，只有落潮时，洞方能露出。那么紫霞洞的名称又是怎么得来的呢？这里还有段传说。

相传秦朝时，海中有蓬莱、方丈、瀛洲三座神山，山上有长生不老之药，始皇命徐福率三千童男童女，组成庞大船队从宁波、慈溪一带入海求药。船队浩浩荡荡朝东海进发，时值秋冬之际，海上风大浪高，加上潮汐变幻无常，船队在大海中漂浮了七七四十九天。一天，风平浪静，奇迹发生了，船队仿佛被一种无形的力吸住，纷纷漂向东北方向。不多时，前方茫茫大海中隐隐约约地浮现一座方方的山。徐福甚为高兴，估计已入仙岛的门户，果然绕过方形山，便见岛屿星罗棋布，烟霞缥缈。后来，人们便称此山为"鲞蓬山"，称岱山岛为"蓬莱仙岛"。

当时，东海龙宫里正大办酒宴，庆贺龙王寿辰，水晶宫内呈现一派热闹景象。船上人们的喧闹声打破了仙岛的宁静，惊动了东海龙王。东海龙王不知海面出了什么事，急令虾兵蟹将出海察看。徐福见惊扰了东海龙王的寿筵，连忙赔不是，又心想龙王若知道在此为始皇寻求长生药定然不许，便心生一计，假传船上皆是捕鱼人，为求一世太平来仙境替龙王炼仙丹。不出所料，东海龙王一听，笑逐颜开，允诺他们停泊蓬莱岛。次日，三千童男童女在徐福率领下登上了磨心山，开始搭建炼丹炉，置备柴火。同时，派人背筐挟锄去磨心岭遍访仙草。可是，寻访多日并不见仙草的踪影。原来，这仙草喜欢生长在断崖峭壁、人迹罕至的地方。这情况让东海龙王知道了，他命虾将传告徐福，仙草乃上天之草，只有少数岛屿才能生长，并命守卫江南岛东面的长涂岛的数百条海豚，在长涂山与江南两岛之间开凿一条海底通道，因为两岛多仙草。海豚王接令，一头将尖嘴撞入高鳌山下的石穴，直朝江南山岛拱去，不久，便见它滑溜溜的身子从江南岛的海滩上钻出。众海豚见状，在海面上欢呼雀跃。自此，在每年的夏秋之交，蓬莱岛的竹屿港附近水域，经常能够见到众多的海豚跃出水面，在空中划一道弧线，然后一头扎入海中的奇景，形成岱山岛上"千豚拜江"的独特景观。

徐福一听龙王要将炼丹大军开赴江南岛，心里好生喜欢，这下再也不用为找仙草发愁了。于是，他率三千童男童女登船朝江南岛驶去。由于此时正值傍晚，天昏浪急，一条船在靠江南岛时不幸被冲上了海滩，船体立刻裂为两半，这突如其来的事故令徐福大为震惊。他亲自将遇难者的尸体从破碎的船上一具具地搬下来，堆放在沙滩上。不巧，这时天空突降暴雨。徐福立刻命人到山上砍伐树枝遮蔽尸体。不料奇迹发生了，那些覆盖着树枝的尸体忽然苏醒过来。徐福惊疑万分，知是神树的作用。徐福等人忙跪于地上，膜拜起来。其实被徐福称为神树的，乃盛产于岱山被当地人叫榨枇树的柃木，这种树在日本也有分布，据说是由徐福带去的。

徐福在江南山一待就是一年，他潜心炼丹，苦修医术，江南山的秀山绿水、一草一木及古朴风情令徐福感动,他甚至萌生了永留仙岛的念头。秦始皇的暴戾和专横令他不堪回首。一天,海里白浪滔天,无数海豚结伴而至,原来它们是受东海龙王之命,请徐福赴水晶宫做客。徐福受宠若惊,心想这东海龙王倒是和善可亲、颇有人情味,我何不去见见他呢?于是,他横下心来,决定当面把为始皇寻找仙药之事告知东海龙王,以求龙王饶恕隐瞒之罪。但这水晶宫如何进去,徐福束手无策,但见海豚与徐福嘀咕一阵,他进入洞中,并将洞里童男童女唤出。霎时,海潮卷起,将洞口淹没,徐福闭目,只听耳边海涛之声呼呼而去。不久,徐福睁眼一看,已到了水晶宫内。徐福跪拜龙王,感谢龙王一年来的恩赐并将欺骗一事和盘托出,东海龙王见徐福为人正直、知错能改,甚是喜欢。龙王问徐福今后如何打算,徐福说只求一条生路,保全三千童男童女平安返回故里。龙王说始皇已驾崩,如今人间兵荒马乱,已无去路。徐福听说秦始皇死了,心想天下黎民百姓总算有了出头之时,不觉一阵高兴,又想,现在可能仍是战火频繁,三千童男女已无家可归,又有一阵怅惘之感,还是远走高飞吧。他把想法告知龙王,龙王觉得言之有理,并说,只要把船驶向东北方向,可得平安无虞。徐福便遵龙王所嘱,重返江南岛。此时,那三千童男童女正等候在洞口发愁。忽见潮水退去,一股紫气从洞中先冲出来,随后徐福从洞里出来了。据说,现在潮涨洞闭,潮落洞开的现象就是这样形成的。徐福把会见龙王的经过与大家说了,童男童女们一阵高兴。大家忙着打造龙舟,置办物品,几个月以后,徐福便率领三千童男童女整装上船,朝着东北方向缓缓驶去。

徐福站在船台上,回望远离的蓬莱岛,但见整座岛烟雾缭绕,若隐若现,磨心岭上,白峰积雪,恍若白练,再看前方,烟涛浩瀚,水天一色。徐福禁不住心如涛涌,思绪万千。渐渐地,浩荡的船队像一条游龙,隐没在万顷波涛之中。

后人为纪念徐福曾到过江南岛,就将江南岛的这一岩洞命名为"紫霞洞"。

(周波搜集整理)

(4)《马齿苋与柃木》

相传早在2200年前,方士徐福第二次率船队下东海。五十多艘楼船,载着三千童男童女，浩浩荡荡地向东航去。这一次，徐福虽然名义上为给秦始皇寻找长生不死药，而心里却另有所求。他站在那艘最大楼船的舱台上，捋着稀须，露出从未有过的轻松。是啊，离开了朝廷，就如离开了虎窝，离开了暴君……

忽然，徐福的眼前呈现出奇妙的图景。炽烈的阳光下，远远望去，前方一座座的岛屿似在海面漂浮着，如莲花，似浮萍，蔚蓝的海水缓缓蠕动，仿佛一幅庞大的锦绸轻轻地烘托着点点翠绿。啊，这不就是仙岛？

徐福不由得激动兴奋起来，忙命船队驶向他心中的那座"蓬莱仙岛"。

岛上果然若世外桃源，绿树葱郁，花草纷呈，流水潺潺。远望，小屿浓翠，像一枚枚棋子错落地拥着大岛。徐福兴奋不已，率先登上岛来，童男童女们也鱼贯而上。宁静的海岛顿时增添了一股热闹欢乐的气氛。

然而，意想不到的是，第二天竟下起了绵绵淫雨，老天仿佛以下雨为快似的，洒下的雨帘越来越密。徐福真没料到会有这样糟糕的天气，昨天还艳阳如火，今天竟雨水涟涟，心里不由得着急起来。他想到有几个人本来就因乘船的不适，已在船上呕吐过了，现在还虚脱地躺着，那些内陆来的童男童女，在这样的海岛上，在这样的天气中，更难以一下子适应这方海腥味浓浓的水土。

徐福的担忧果然出现了。先是几个体弱的童子开始腹泻，接着又有几个被感染，两三天时间，患痢疾的人竟扩至几十个，严重的患者一天竟腹泻十几次。他尤其担心的是那几个早先晕船的人，腹泻后滴水不沾，虚弱、发烧，渐渐出现脱水的迹象，奄奄一息，生命垂危。这下众人恐慌得手足无措，纷纷祈求老天爷开恩，降下仙药，来救治这些病人，结束这一场意想不到的灾祸。

徐福也焦头烂额，这样的场面，这样的情境，他从来没有碰到过。虽然带来的一些药丸医治了几个痢疾患者，可对于这么多病人只是杯水车薪，他纵有三头六臂也无可奈何，只有一个一个地去探望，去把脉，最后只能一次又一次地摇头叹气。

雨还在淅沥沥地下着。雨中的岛景更加迷蒙，迷蒙得似幻非幻、若隐若现。就在这朦胧的雨境中，徐福手持宝剑，上下挥舞，口中念念有词，祈祷在这样仙气浓浓的岛上出现一种仙药，来解救众人的苦难。众人一齐跪在偌大的草地上，虔诚地低着头，连那些病着的人也被同伴搀扶着来到场中，在痛苦中默默祷告。

然而，悲剧还是发生了，那几个严重脱水的病人由于未能得到进一步治疗，开始先后倒在草地上，有的晕厥了过去，有的则长眠于枱木丛下。悲泣声顿时响成一片。徐福痛苦地低下头，木然地徘徊在死者的周围。周围的山坡上，绿树苍翠，一丛丛、一行行，显出一派郁郁葱葱的茂盛景象。在这茂盛的林中，徐福发现其中最葱茏、最惹人注目的就是枱木。那枱木的叶子鲜亮柔和，绿如碧玉，一副高贵端庄的模样。徐福不由得轻轻地攀摘起来，扎成几束，尔后默默地放在死者的身上，像是举行一道庄严的祭祀仪式。众人围在一起默默地悼念亡者，气氛庄严而肃穆。

徐福祭悼完死者后，又沉浸在悲愁之中，倘若再得不到医治，那么死去的人数将会不断增多。他的双目紧紧地盯着眼前的尸体，盯着盯着，他黯然的眸子中倏地闪过一道亮光。他发现草地上有一种草，那草叶似小指甲般大，玲珑剔透，厚实却有一种透明感，淡紫色的茎很细腻，看上去匍匐在地却又分明支撑着片片叶子。徐福的脑海渐渐清晰起来。"马齿苋（岱山俗称'瓜子苋'），这不是马齿苋吗？"顿时，徐福的思维停驻在书中的记载："马齿苋，有清热解毒、消肿功能，主治痢疾、疮疡。"呵，感谢神灵的指点，我们有救了。徐福按捺不住心中的激动，连忙命童男童女采摘随处可见的马齿苋。

一场厄运终于过去了，众人又露出洋洋的喜气。在他们眼里，岛更美了，山更秀了，连地上的草也溢出了丝丝的仙气。这场灾祸过后，"蓬莱仙岛"越加深深地融合在他们的心中。

徐福却在想着另外的事。他想，这岛固然美若仙境，让人很想留足长驻，可是，这个地方距大陆只有一水之隔，万一朝廷发现我长期安居于此，而非在寻长生不死药，岂不要遭更大的灾祸？梁园虽好，终非久留之地。罢罢罢，还是趁早远走吧。徐福感慨着，心里一阵惆怅。

起航的日子，是个晴朗的好天气。徐福早就命人挖了几大筐马齿苋，掘了几棵小柽木，一齐装上楼船。船队又浩浩荡荡地朝东航去……

据传，徐福他们到了日本，从"蓬莱仙岛"带去的马齿苋和柽木最终还存活着。马齿苋作为一种草药，在日本应用于治疗痢疾，而柽木则被用于供祭神位、祭奠亡灵的习俗中，在日本，这习俗一直沿袭至今。今日的岱山还大批量向日本出口柽木呢。

（俞复达搜集整理）

二、核心基因提取与评价

基于对材料的全面、深入分析，得出本文化元素的核心基因表述为："进军海洋、开拓海洋的勇气和冒险精神""坚持不懈、屡败屡战的精神"。

岱山徐福说核心文化基因评价依据

评价项目	评价因子	评价依据（特点）	是否
生命力评价	文化基因存续的时间	自出现起延续至今，未曾明显中断	√
		自出现起延续至今，但多次衰微、中断后复兴	
		曾明显衰败，改革开放后开始复兴或历史溯源关键环节缺失，难以考证	
		文化形态主体已灭失，现存部分痕迹	
	文化基因的稳定性	在发展过程中保持相当稳定的状态	√
		在发展过程中存在明显的精神内涵、表现形式剧变	
凝聚力评价	文化基因的凝聚力及社会动员效果	曾广泛凝聚起区域群体的力量，显著推动过社会经济文化的发展	√
		曾部分凝聚起区域群体力量，对社会经济文化的发展产生过影响	
		凝聚过力量，创造过实际的发展动能，但未见对社会经济文化发展产生显著改变	
		仅在历史文献或口耳相传中存在，未见实际介入社会经济发展	

续表

评价项目	评价因子	评价依据（特点）	是否
影响力评价	辐射的范围	具有全国性、世界性的影响力	√
		具有长三角区域、浙江省影响力	
		具有市县、乡镇影响力	
	提炼的高度	已经被古代文人士大夫和（或）当代学者提炼为精神符号和理念理论	√
		单纯的样式、造型、工艺技术规范	
发展力评价	与当代精神追求和价值观念的契合	传统文化基因得到创造性转化、创新性发展；区域革命文化基因被完整继承、广泛弘扬；区域社会主义先进文化基因成为与浙江"三个地"相适应的文化高地	
		部分转化、部分弘扬、部分发展	√
		难以转化、难以弘扬、难以发展	

说明：基因特点评价是对解码出来的基因，根据本《导则》表2的要求，围绕"四个力"逐一对表打"√"，进行定性表述

（一）生命力评价

"进军海洋、开拓海洋的勇气和冒险精神""坚持不懈、屡败屡战的精神"延续至今未曾明显中断，文化基因形态保持稳定。千百年来，岱山徐福东渡传说以故事、说唱、曲艺等形式植根于民间，广为流传。因此文化基因一直以故事为媒介在大众之中传播。

（二）凝聚力评价

"进军海洋、开拓海洋的勇气和冒险精神""坚持不懈、屡败屡战的精神"能够广泛凝聚起区域群体的力量、推动社会经济文化的发展。岱山境内存有大量徐福东渡传说故事中的历史文化遗迹，岱山地区的民众以文化遗迹为载体，纪念徐福，

传颂徐福的故事，形成了当地独特的文化现象。

（三）影响力评价

"进军海洋、开拓海洋的勇气和冒险精神""坚持不懈、屡败屡战的精神"具有全国性、世界性的影响力，已经被古代文人士大夫和当代学者提炼为精神符号和理念理论。相传，当年徐福的大军在宁波的慈溪达蓬山港埠启航，抵达岱山寻找长生不死仙药，后来又东渡日本隐居，在岱山民间留下了许多与之有关的传说故事。这些传说是海岛民众以历史上的徐福为依托，寄寓自己的思想情感而创造的民间文学作品。这些民间作品在国内均有流传，影响力遍布全国。

（四）发展力评价

2000多年以来，徐福东渡传说一直以故事、诗歌等民间文学形式口耳相传，世代流播。它深深扎根于民间，富有地方特色，有着浓郁的海洋文化特色，成为我国民间文学宝贵的精神财富。在现代传媒的影响下，徐福传说通过电视、网络和各种新式媒体逐渐普及，影响力不断扩大。因此，其核心基因"进军海洋、开拓海洋的勇气和冒险精神""坚持不懈、屡败屡战的精神"与当代精神追求和价值观念相契合，能够较好地转化、弘扬、发展。

三、核心基因保存

"进军海洋、开拓海洋的勇气和冒险精神""坚持不懈、屡败屡战的精神"作为岱山徐福说的核心基因,文字资料保存在宋《四明图经》、宋《宝庆四明志》、元《大德昌国州图志》、明天启《舟山志》、清康熙《定海县志》、清光绪《定海厅志》、民国《岱山镇志》、《方舆胜览》,实物材料为徐福祠、徐福碑、崇福庙、徐福广场、海天一览亭等。

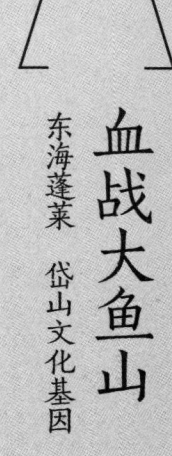

血战大鱼山

东海蓬莱　岱山文化基因

血战大鱼山

大鱼山，古称"宜山"，位于岱山岛西北的灰鳖洋海域，东距高亭镇 24 千米。大鱼山岛位于舟山往上海的航路要道，形如一条遨游的大鲨鱼，故名"大鱼山"。抗日战争和解放战争时期，新四军海防大队、东海游击总队均先后驻扎于此。

威震东海的大鱼山血战发生在这里。1944 年 8 月 21 日，新四军浙东游击纵队海防大队一中队奉命夜渡灰鳖洋，进驻大鱼山岛开展抗日根据地。由于汉奸告密，一中队上岛的第五天就遭到 200 余名日军、300 余名伪军联合部队海陆空的进攻。敌军出动了两架飞机、两艘登陆艇、五艘机轮、一艘"105"号大型战舰。当时我军仅 76 人，每人仅配 100 发子弹和 4 枚手榴弹。面对武器精良、人数远多于我军的日伪军，一中队全体指战员全无惧色，与敌人展开了殊死血战，每个人都表现了无比的顽强和英勇。

整个大鱼山血战先后激战七个多小时，共毙伤日伪军百余名，一中队四十余名指战员壮烈牺牲。大鱼山战斗沉重打击了日军，表现了中国人民誓死捍卫祖国神圣领土的英雄气概。事后，新华广播电台向全世界广播了一中队在这场战斗中的光辉业绩，《解放日报》作了全文转载，浙东《战斗报》社还专门出版了《血战大鱼山》连环画，为新四军抗战史上谱写了光辉不朽的一页。

为了纪念战斗中牺牲的革命烈士，用先烈们的事迹来教育干部群众、继承和发扬革命传统，弘扬爱国主义精神，1988 年，岱山县委、县政府拨款 1350 万元在大鱼山血战处的主战场，建造大鱼山战斗革命烈士纪念碑，并刻下了碑文和 37 位（当时，另有 5 位无名英雄的姓名不为人知）革命烈士英名及安全归队的 34 位勇士名录。

一、要素分解

（一）物质要素

以渔山烈士陵园为大鱼山爱国教育基地

渔山烈士陵园位于浙江省舟山市岱山县高亭镇渔山社区渔山村武装头山岗，建于1988年，坐东朝西，总占地面积约为220平方米。在烈士陵园的空地上竖有革命烈士纪念碑，正面有原浙东游击纵队司令员吕炳奎的题字："大鱼山战斗英勇牺牲的革命先烈永垂不朽！"纪念碑基座左侧上刻有埋葬于此的革命烈士名录，共37人，背面刻有大鱼山战斗革命烈士纪念碑文。纪念碑后是烈士墓，呈方形，埋葬着大鱼山战斗中牺牲的英雄志士。

（二）精神要素

1. 誓死捍卫祖国领土的决心

1944年8月25日，在敌军装备精良、敌人数量远多于我军的背景下，我军76位新四军浙东游击纵队海防大队一中队队员开展了对敌作战。整个大鱼山血战先后激战七个多小时，共毙伤日伪军百余名。一中队四十余名指战人员壮烈牺牲。大鱼山战斗沉重打击了日军，表现了中国人民誓死捍卫祖国神圣领土的英雄气概。

2. 舍己为国、慷慨赴死的英雄气概

大鱼山之战，敌众我寡，我军孤悬海外再无援兵，惨烈的结局从最初就已注定。即使如此，新四军将士仍在绝境中奋起迎战，面对装备精良的日伪军海、陆、空联合作战时毫不畏惧，宁死不降，打出了铁军威风，体现了舍己为国、慷慨赴死的英雄气概。

3. 伟大的抗战精神

抗战精神内涵主要包括：①天下兴亡、匹夫有责的爱国情怀。爱国情怀是人们对自己祖国的一种深厚情感，是愿意为祖国奋斗献身的价值取向。在民族生死存亡之际，中国人民的爱国情怀被充分激发出来，举国上下用血肉筑起一座抵御侵略者的钢铁长城。②视死如归、宁死不屈的民族气节。民族气节是为了维护国家和民族尊严而永不屈服的精神品质和高尚追求。抗战时期，面对日本帝国主义的疯狂侵略，无数中华儿女奋起抗争、前赴后继，表现出了视死如归、宁死不屈的高尚气节。③不畏强暴、血战到底的英雄气概。英雄气概是为了祖国利益不惜流血牺牲的崇高精神。抗战时期，中国军民面对敌人的炮火勇往直前，面对死亡威胁义无反顾，表现出了中华儿女的英雄气概。④百折不挠、坚韧不拔的必胜信念。必胜信念是最终战胜日本侵略者的坚定信心和顽强信念。抗战不仅是武力的较量，更是民族意志与信念的较量。持续十四年的抗日战争，中国人民在持久抗战中顽强抗击敌人，全国军民始终保持抗战必胜的坚定信心，百折不挠、坚韧不拔，最终打败穷凶极恶的日本侵略者。

二、核心基因提取与评价

基于对材料的全面、深入分析,得出本文化元素的核心基因表述为:"誓死捍卫祖国领土的决心""舍己为国、慷慨赴死的英雄气概""伟大的抗战精神"。

血战大鱼山核心文化基因评价依据

评价项目	评价因子	评价依据(特点)	是否
生命力评价	文化基因存续的时间	自出现起延续至今,未曾明显中断	√
		自出现起延续至今,但多次衰微、中断后复兴	
		曾明显衰败,改革开放后开始复兴或历史溯源关键环节缺失,难以考证	
		文化形态主体已灭失,现存部分痕迹	
	文化基因的稳定性	在发展过程中保持相当稳定的状态	√
		在发展过程中存在明显的精神内涵、表现形式剧变	
凝聚力评价	文化基因的凝聚力及社会动员效果	曾广泛凝聚起区域群体的力量,显著推动过社会经济文化的发展	√
		曾部分凝聚起区域群体力量,对社会经济文化的发展产生过影响	
		凝聚过力量,创造过实际的发展动能,但未见对社会经济文化发展产生显著改变	
		仅在历史文献或口耳相传中存在,未见实际介入社会经济发展	

续表

评价项目	评价因子	评价依据（特点）	是否
影响力评价	辐射的范围	具有全国性、世界性的影响力	√
		具有长三角区域、浙江省影响力	
		具有市县、乡镇影响力	
	提炼的高度	已经被古代文人士大夫和（或）当代学者提炼为精神符号和理念理论	√
		单纯的样式、造型、工艺技术规范	
发展力评价	与当代精神追求和价值观念的契合	传统文化基因得到创造性转化、创新性发展；区域革命文化基因被完整继承、广泛弘扬；区域社会主义先进文化基因成为与浙江"三个地"相适应的文化高地	√
		部分转化、部分弘扬、部分发展	
		难以转化、难以弘扬、难以发展	

说明：基因特点评价是对解码出来的基因，根据本《导则》表2的要求，围绕"四个力"逐一对表打"√"，进行定性表述

（一）生命力评价

大鱼山血战的革命历史一直被后人传颂，新四军的指战员们在绝境中毫不畏惧、气吞山河的铁军形象牢固地浇铸在大鱼山岛上。"誓死捍卫祖国领土的决心""舍己为国、慷慨赴死的英雄气概""伟大的抗战精神"三大文化基因延续至今，未曾中断，并且形态保持稳定。

（二）凝聚力评价

大鱼山血战展现了当时革命形势的严峻和环境的恶劣，又彰显了新四军战士不畏艰险、敢于牺牲的大无畏精神和英雄气概。这种精神和气概鼓励着国人奋发图强、固守边疆的勇气，也警醒现代中国人永远不能忘记红色政权是从哪里来

的、新中国是怎么建立起来的。正是无数先烈用鲜血和生命换来了今天的幸福生活。大鱼山血战凝聚起了岱山乃至全国人民，要坚定不移地沿着革命先辈们开辟的道路走下去，不断发展壮大自己，为实现中华民族的伟大复兴而不懈奋斗。

（三）影响力评价

"北有狼牙山，南有大鱼山"，大鱼山战斗被誉为"海上狼牙山之战"。战斗发生后，新华社发了战报，新华广播电台向全世界广播了这场重创敌军的海上战斗，《解放日报》作了全文转载，浙东《战斗报》社为此专门出版了《血战大鱼山》连环画，还有人专门谱写了纪念这次战斗的《海防大队之歌》。此战规模虽小，但战斗的悲壮激烈、英雄的山河志气却是十四年抗战的一个缩影，深刻地影响着全国人民。

（四）发展力评价

在大鱼山血战中，"誓死捍卫祖国领土的决心""舍己为国、慷慨赴死的英雄气概"的文化基因是岱山区域革命文化的重要果实和宝贵财富。在当前中国崛起于世界之林，他国虎视眈眈、掣肘牵制的国际大环境下，完整继承、广泛弘扬革命先烈的精神气节，是捍卫祖国领土、完成中华民族伟大复兴的重要前提。

三、核心基因保存

"誓死捍卫祖国领土的决心""舍己为国、慷慨赴死的英雄气概""伟大的抗战精神"作为血战大鱼山的核心基因,文字资料保存在宁波市新四军历史研究会、舟山市岱山县史志办公室编《血战大鱼山英雄群体》,实物材料有大鱼山革命烈士纪念碑,位于岱山岛西北部海面的大鱼山岛湖庄潭岗上。

"浙江文化基因丛书"后记

浙江濒海多山，古为百越之地，地少民贫。先民断发文身，披荆斩棘，筚路蓝缕，艰苦创业，卧薪尝胆，徐图自强，始稍为中原所识。山海情怀，越地长歌，独特的地理人文环境孕育出浙江艰苦奋斗、励精图治、百折不挠、勇攀高峰的地域文化性格和兼容并包、发展创新的人文精神。因以鸟虫篆、《越人歌》为表征的楚越文化交融和徐偃王流亡越地、勾践北上争霸等历史事件的发生，越地逐渐融入中原文明。及至东晋衣冠南渡，中原贤良缙绅避乱会稽，兰亭雅集、永嘉诗会，王谢风流所及，中原文化和越文化相互碰撞融合，这片神奇的土地在吸收大量中原先进文化基础上，生发出更多独具特色、丰富璀璨的文化颗粒，散点分布于浙江的山山水水之间。

隋唐以降，一条大运河通到钱塘，凡所流经之县域，皆成人文渊薮。浙东唐诗之路，如明珠嵌璧；越窑青瓷，千峰翠色风靡长安。浙江依托这条水上"高速公路"迅速崛起，在经济高效快速地融于全国的同时，也向全国展现了别样精彩的浙江文化，对中原产生巨大影响。唐末五代中原战乱之际，吴越国钱王保境安民，举世惶惶而越地独安，浙江又一次成为全国士子避祸传学之地，浙江的原生文化和中原文化水乳交融，极大地提高了浙江的人文学术水平。及至南宋定都临安（今浙江杭州），孔裔迁衢，杭州乃至浙江逐渐成为中华文化传承发展中心、全国的文化学术高地。有元一代，人文日渐凋敝，而浙江独领风骚。湖州赵孟頫成为有元一代赓续中华文脉之砥柱。赫赫有名的"元四家"，黄公望（常熟人，曾隐居富春）、王蒙（湖州人，曾隐居临平）、吴镇（嘉兴人，曾卖卜钱塘）、倪瓒（无锡人，曾浪迹太湖）在学习传承赵孟頫的文化艺术精髓基础上，各显其能，自成面目，为传承发展中华文化艺术作出了卓越贡献。明清以来，浙江士林，更为全国翘楚，文化勃兴，领袖群伦。浙江文脉渊深，有容乃大，继承发展，才俊迭起。事功之学、阳明心学、浙东学派、南戏越剧、《古文观止》、丝瓷茶剑、西泠印社、兰亭雅集等，更是中华文化中耀眼的明珠。浙东音声，渐如潮涌；黄钟大吕，照灼云霞。

晚清时期，中华危亡。辛亥鼎革，浙江文化所孕育的优秀儿女更是为中华千古未有之变局作出了重要贡献，秋瑾、徐锡麟、蔡元培、章太炎、鲁迅等，允文允武，可歌可泣，数不胜数。为全面赶上世界发展，全省各地掀起了重视文教事业、培养人才、发展经济的高潮。各类藏书楼、图书馆、新式院校纷纷创设，浙江人又一次发扬卧薪尝胆、奋力赶超的浙江精神，使浙江成为当时全国省域文化发达、人才众多的省份。

新中国成立后，浙江人励精图治，无论干部还是群众，都本着务实精神，立足现状，踔厉前行。即便在"文革"时期，浙江的经济、文化发展水平都显著好于其他兄弟省市，这和浙江人文内核的务实精神和文化基因的原生动力息息相关。改革开放以来，浙江更是勇做弄潮儿，充分发挥"四千精神"，培养人才，发展经济，以全国陆域较少、自然资源缺乏的省份，一举成为名列前茅的文化大省、经济强省。

历数千年，浙江以落后的山林草野原生文化，不断与吴楚和中原文化交融互鉴，融合创新，发展壮大，绝非历史偶然。浙江以其独特的文化基因和历史面貌正引起国内外专家学者的广泛兴趣，以期通过对浙江文化的研究来更好地理解中华文明，为中华文明的伟大复兴寻径探源，通过解析全省多点、散点分布的各类文化颗粒和文化价值观、文化形态、文化载体，系统研究、条分缕析在地文化基因和独特的文化原动力。构建中国文化基因理念体系，挖掘文化遗产背后蕴含的哲学思想、人文精神、价值观念、道德规范，是一项新课题、新任务。浙江在推动高水平文旅融合、建设共同富裕示范区的进程中，以解码文化基因为切入点，为构建中国文化基因理念体系提供地方经验。

研究浙江文化基因，就是对披着传统文化外衣的各类庸俗低俗的迷信活动加以甄别，科学分析，正本清源。以挖掘、激活浙江的优秀文化基因为抓手，推进文旅深度融合；有机整合乡村文化礼堂、农家书屋、场馆院团、城市书房等城乡文化资源，丰富群众文化活动。拓展新型公共文化空间，持续推动优质文化资源直达基层。为人民群众创造一个良好的文化大环境，强化文化自觉和文化自信；为浙江文化高质量传承发展厘清路径，为新时代浙江发展优秀的社会主义先进文化打好基础。文化兴则国运兴，文化强则民族强。文化基因的研究以及激活应用是浙江建设文化强省的重要切入点，是民智之本、百年大计。

我们要深入学习贯彻党的二十大精神和习近平文化思想，全面挖掘和激活浙江文化基因，推动新时代中国特色社会主义文化建设。以高质量发展为目标、融合发展为重点，紧扣激活优秀文化基因、提供优秀文化产品这个中心，厚植浙江经济社会发展文化软实力。

2024年1月，全省宣传思想文化工作会议提出，要全面贯彻习近平文化思想。浙江作为文化大省，肩负起新时代文化使命，在优秀传统文化的传承发展领域开展了积极的探索。我们要不断学习贯彻习近平总书记关于中华优秀传统文化的重要论述和关于文明交流互鉴的重要论述，让文化基因的研究成果走入校园、走进课堂，成为鲜活的爱国主义教育载体、生动的"课程思政"教育实践、开放的当代青少年国际视野素养培育抓手。将浙江文化基因研究成果制作成微视频"浙江文化基因"课程（双语），通过教育信息技术实现从碎片到整体、从实地到课堂、从单一到系列的 MOOC/SPOC 转换，实现浙江文化基因在青少年群体中的代际传递，助力文化基因融入当代、植根青年，实践出一条富有浙江特色的文化传承发展新路径，为中国"培养社会主义建设者和接班人"这一宏伟目标服务。

若有所成皆非易，凝心聚力要躬行。各地课题组在当地乡土专家和各地高校文史专家的鼎力协助下，进深山到大海，调研足迹遍布海澨山陬。通过田野调查、走访座谈、查阅历史卷宗、参考海量文献，历时五年形成的研究成果，凝聚了全省各地众多专家学者和乡土文化耆老的心血，他们为浙江的文化事业作出了很大贡献。致敬他们文化溯源的热忱，学习他们极深研几的精神，真诚感谢他们无私奉献的情怀。由于篇幅有限，涉及面广，无法一一详列参与者，在此一并致谢！

吴　越

甲辰年秋于杭州